ESCRIBE Y PUBLICA
Tu Pasión

DEVOCIONAL

Soy Mujer Valiosa

Fortaleza para la vida

Para otros materiales, visítanos en:
EditorialGuipil.com

Devocional Soy Mujer Valiosa

Publicado por **Editorial Güipil**
Miami, FL - Charlotte, NC. Estados Unidos de América

- ESCRIBE Y PUBLICA -
Tu Pasión

Editorial Imperial. Primera edición 2021

www.EditorialGuipil.com

ISBN: 978-1-953689-35-1

Categoría: Crecimiento Personal / Vida práctica / Inspiración

"Un libro cambia vidas,
la primera vida que cambia,
es la de su autor"

- Rebeca Segebre

Presidente de Editorial Güipil,
fundadora de la comunidad Mujer Valiosa & Escribe y Publica

- ESCRIBE Y PUBLICA -
Tu Pasión
ACADEMY
CON REBECA SEGEBRE
Escribe palabras que impacten y transformen vidas.
www.EscribeyPublica.com
Comunidad - Inspiración - Desarrollo
COMUNIDAD

- ESCRIBE Y PUBLICA -

Tu Pasión

ACADEMY

REBECA
SEGEBRE
Autora del libro *Tú Naciste para Escribirlo*
Presidente del grupo Editorial Güipil y fundadora de
La Academia Escribe y Publica Tu Pasión
Tú
NACISTE
para
ESCRIBIRLO
DESPIERTA TU CREATIVIDAD Y
SIGUE TU LLAMADO DIVINO
REBECA SEGEBRE
Publicado por Editorial Güipil
EditorialGuipil.com

- ESCRIBE Y PUBLICA -
Tu Pasión
ACADEMY
CON REBECA SEGEBRE
Escribe palabras que impacten y transformen vidas.
www.EscribeyPublica.com
Comunidad - Inspiración - Desarrollo
COMUNIDAD

1

FORTALEZA PARA LA VIDA

«Pero tú me has hecho fuerte como un buey salvaje;
me has ungido con el mejor aceite.»
Salmo 92: 10

El Salmo 92 es un cántico creado para entonar en el día de descanso. En él encontramos la expresión de agradecimiento del salmista por la provisión de Dios semana tras semana. El aspecto que más resalta en este capítulo es la provisión de Dios en términos de fortaleza divina para la vida diaria.

En el día a día se pueden presentar situaciones difíciles debido a un enfrentamiento con una persona no amigable; puede ser un amigo enojado o un enemigo vengativo y furioso. Podemos experimentar situaciones de alta ansiedad, como el lidiar con una actitud rebelde en nuestros hijos o una discusión sin cierre con nuestro esposo. Todo esto puede dejarnos sin fuerzas; sin embargo, el salmista nos dice que a pesar de las circunstancias: «…tú me has hecho fuerte como un buey salvaje; me has ungido con el mejor aceite».

En antiguas traducciones, el animal que escogió el salmista es el unicornio, el cual se cree que habría sido un búfalo o un buey gigante que ahora no existe, pero que tenía cuernos y en la antigüedad se utilizaba como el símbolo de poder indomable, y aquí se adopta esta expresión como señal de lo que Dios hace con sus hijos en el día a día.

Cuando miramos atrás diremos: «¿Cómo logré sobrepasar esta o aquella batalla?», la respuesta es: Tu Padre te entregó la fuerza del unicornio. Cuando tus dudas y temores del futuro aparezcan en tu mente, puedes afirmar en fe: «El Señor me entrega la fuerza como la del búfalo. Mi fe en Dios es inconquistable. Declaro lo que Dios hará en mi favor porque recuerdo lo que ha hecho».

Amiga, podemos tener fe que Dios nos entrega la fuerza que necesitamos para realizar su propósito; y además podemos ser felices al saber que Él nos premia con entregarnos su unción que nos honra, refresca y reanima. La unción es el poder de Dios en nosotros para realizar Sus proezas y nos vivifica al mismo tiempo. En lugar de terminar cansadas, terminaremos renovadas y rejuvenecidas. Como cuando hacemos ejercicio físico, muchas veces vemos a los que alzan pesas y pensamos que deben quedar cansados al final de su jornada, sin embargo, lo que realmente sucede es que sus músculos se tonifican y se fortifican. Nuestras espaldas se hacen más fuertes cuando Dios nos da su unción para el trabajo y la carga del día a día.

Existe aun una mayor esperanza en términos de la fortaleza que Dios nos da. Cuando leemos el final del capítulo de los Salmos, vemos que tenemos una figura de lo que es el futuro de aquellos que confiamos en el Señor para el día a día:

«Pero los justos florecerán como palmeras
y se harán fuertes como los cedros del Líbano;
trasplantados a la casa del Señor,
florecen en los atrios de nuestro Dios.
Incluso en la vejez aún producirán fruto;
seguirán verdes y llenos de vitalidad.»
Salmos 92: 12 - 14

Analicemos las metáforas que utiliza el salmista en estos versos:

1. Floreceremos como palmeras: Aquí se ilustra nuestra vida diaria; somos como una palmera que se levanta verde y floreciente en medio de un desierto; nuestras vidas prosperaran aun en medio de circunstancias ásperas y difíciles.

2. Nos haremos fuertes como los cedros del Líbano: Este árbol con el que se compara nuestro futuro aspecto es majestuoso, fuerte, resistente y perdurable. Sobre todas las adversidades retiene su esencia, su fragancia y textura.

3. Seremos trasplantados a la casa del Señor: Los que plantamos flores en lugares con cuatro estaciones en el año, sabemos que cuando llega el invierno tendremos que transparentarlas a un lugar seguro para que no mueran en la temporada del duro frío de invierno; esta tarea se hace difícil y a veces imposible. Pero esto es lo que hace el Señor con Su pueblo. Él nos trasplanta a Su casa porque nos quiere ver florecer siempre.

Finalmente, este salmo nos entrega una bella promesa de fortaleza. Mas allá de sobrepasar las temporadas duras del presente sabemos que podemos contar con su fortaleza hasta la vejez. Así nos promete el Señor:

«Incluso en la vejez aún producirán fruto;
seguirán verdes y llenos de vitalidad.»

Oración

Señor, gracias porque en ti encuentro la fortaleza que necesito para el día a día. Cuando paso por situaciones difíciles sé que tendré la fuerza que necesito para mantenerme firme ya que me haces fuerte como un buey salvaje, y me haces feliz al ungirme con tu mejor aceite. Yo afirmo tu promesa y será siempre mi esperanza, que incluso en la vejez tendré la fortaleza para ser productiva y la vitalidad para vivir y exhibir tu gloria. Amén.

Devocional Soy Mujer Valiosa Fortaleza para cada día
JULIA
AMANDA
Participante del libro
Devocional Soy Mujer Valiosa 2020
DEVOCIONAL
Soy
Mujer
Valiosa
Publicado por Editorial Güipil
EditorialGuipil.com

- ESCRIBE Y PUBLICA -
Tu Pasión
ACADEMY
CON REBECA SEGEBRE
Escribe palabras que impacten y transformen vidas.
www.EscribeyPublica.com
Comunidad - Inspiración - Desarrollo
COMUNIDAD

2

TODO LO PUEDO EN CRISTO

«Pues todo lo puedo hacer por medio de Cristo, quien me da las fuerzas.»
Filipenses 4:13 (NTV)

Este versículo ha significado muchas cosas para mí en el pasado: una de las cosas que simbolizaba era que podría salir adelante con fortaleza y surgir victoriosa de cualquier circunstancia que afrontara. Pero eso no es todo. Los eruditos han estado traduciendo la Biblia durante mucho tiempo, y eso es genial, definitivamente genial porque yo no hablo hebreo ni griego. Además, la Biblia en inglés ya es bastante difícil de comprender, imagínate si estuviera en un idioma que no hablo ni leo. De todos modos, ¿alguna vez has oído hablar del término perdido en la traducción? Significa que, a veces, al traducir algo de su idioma originario, pierde un poco de su significado inicial. Creo que esto le sucedió al versículo 13 de Filipenses.

La traducción en ingles que conozco de memoria dice así: «I can do all things through Christ which strengtheneth me» (KJV). Y debido a que hablo también español, cuando hago la traducción literalmente del idioma inglés, este versículo diría: «Puedo hacer todas las cosas en Cristo que me fortalece».

Cuando cambias una palabra, obtienes un significado diferente para este versículo. Si reemplazas cosas por estaciones, que es la traducción correcta en el original, obtienes la frase: «Puedo hacer todas las estaciones por medio de Cristo que me fortalece».

¡Qué poderoso! En este versículo, Pablo nos dice con toda confianza y pleno conocimiento que tendremos la fortaleza para todo lo que el un ser humano mientras esta plantado aquí en la tierra. Y ahora ¡esta expresión tiene mucho más sentido! Nuestra vida tienes estaciones, ya sea las generales que afrontamos por nuestra edad o por circunstancias propias que pasamos. Me refiero a pensar en todas las cosas que Pablo nos cuenta en la Biblia que le acontecieron en su vida.

Por ejemplo, en 2 Corintios 11: 24-28, él cuenta muchas de las cosas por las que pasó; aquí te lo parafraseo:

Cinco veces recibí de los judíos cuarenta azotes menos uno. Tres veces me golpearon con varas, una vez me apedrearon, tres veces naufragué, pasé una noche y un día en mar abierto. He estado en peligro por los ríos, en peligro por los bandidos, en peligro por mis compañeros judíos, en peligro por los gentiles; en peligro en la ciudad, en peligro en el campo, en peligro en el mar; y en peligro por los falsos creyentes. He trabajado y trabajado y muchas veces he estado sin dormir. He conocido el hambre y la sed y muchas veces me he quedado sin comer. He estado frío y desnudo. Además de todo lo demás, me enfrento diariamente a la presión de mi preocupación por todas las iglesias.

A pesar de todos sus sufrimientos o tal vez a causa de ellos, Pablo dice: «Puedo hacer todas las temporadas en Cristo que me fortalece».

Solía usar este versículo todo el tiempo a lo largo de mi vida. Cuando me preparaba para patear la pelota en el fútbol, repetía ese texto. Pensé que este verso era como mi pase libre para marcar todos los goles y ganar todos los juegos, y cuando perdía, me frustraba tanto. «¿Por qué no funciona esto?», me preguntaba a mí misma.

Aunque ganar todo el tiempo sería genial, creo que podemos pasar por temporadas de derrota y desesperación y salir más sabios, con más fe y una mejor comprensión de Dios. A veces formamos una conexión más profunda con Dios cuando estamos en el valle que cuando estamos en una montaña de victoria. Quiero que sepas que Dios siempre está con nosotros, no solo en nuestra victoria, sino también en las temporadas de dificultad.

Oración

Gracias, Señor, porque podemos vivir con tu fortaleza todas las estaciones de la vida, porque tú eres el que me da la fuerza. Gracias, porque cuando veo tus milagros te bendigo y agradezco lo que haces por mí; y cuando siento tu fortaleza en mi vida para atravesar obstáculos sé que estás trabajando en mí. Gracias por tu compañía durante toda mi vida. En Cristo Jesús, amén.

AGRIPINA T. MALDONADO

Miembro destacado de
La Academia Escribe y Publica Tu Pasión

- ESCRIBE Y PUBLICA -
Tu Pasión
ACADEMY
CON REBECA SEGEBRE
Escribe palabras que impacten y transformen vidas.
www.EscribeyPublica.com
Comunidad - Inspiración - Desarrollo

FORTALEZA ANTE LA PÉRDIDA DE UN SER AMADO

«¡Vean a Dios, mi salvador!
Puedo estar confiado y sin Temor alguno, porque el Señor
Es mi fortaleza y mi canción; ¡Él es mi salvador!»
Isaías 12:2

La fortaleza siempre proviene de Dios, principalmente en los momentos en los cuales sientes la impotencia por no poder estar cerca de los seres que amas cuando parten a la presencia del Señor.

El 5 de enero del 2016, mi padre falleció en mi país, México, y para mí fue un golpe muy fuerte no poder viajar y estar en ese momento con mi familia. Soy la primera hija de mis padres y la única en el ministerio y siempre había deseado estar presente en esos momentos y poder predicar en el funeral de mis seres amados. Pero el estar lejos me hacía sentirme sin fuerzas. Para mí fueron días difíciles, estaba deprimida totalmente, desesperada, y deseaba que alguien orara por mí.

Recuerdo que ese día, mi superintendente distrital me envió un mensaje diciéndome que estaba orando por mi y yo le respondí: «Muchas gracias, en verdad lo necesito»; en ese momento, entró una llamada, tomé el celular y era él diciéndome que lo sentía mucho y que de todo corazón deseaba que todo estuviera bien con mi familia, y en ese momento el se puso a orar por mí. Mi corazón sentía temor por no poder acompañar a mi madre que se encontraba sola y pensaba que algo le podía suceder porque no estaba bien de salud; además mis hermanos no pudieron estar presentes y eso me hacía sentirme sin fuerzas, pero en ese momento recordé esta palabra: «Dios no solo es el Salvador por quien soy salva, sino en quien puedo estar segura, entonces tengo que confiar en Él». Mi corazón se llenó de una paz inmensa y me sentí más tranquila. Ahora hay momentos en los que pienso que es algo que ya superé, pero es imposible no llorar cada vez que pienso en mi padre; mas de lo que sí estoy segura es que puedo confiarle a Dios todas mis preocupaciones porque todo es temporal en este mundo. Tampoco debemos tener miedo de que algo malo pase o que el Dios en el que confiamos nos falle; no, no hay peligro de eso. No debemos de temer porque todos en algún momento de nuestra vida pasamos por experiencias amargas; pero en realidad nuestra ciudadanía no está aquí en este mundo sino en las moradas eternas que nuestro Señor Jesús fue a preparar.

Dios cambió mi tristeza y me dio fuerzas, Él es mi canción, el que pone gozo en mi corazón porque puedo estar segura de que me sostendrá en todo tiempo, Él es quien me salva, mi amado Salvador.

Cuando te sientas con temor por algo sucedido o sientas que ya no tienes fuerzas, te invito a que ores al Dios Todopoderoso diciéndole:

Padre, te doy gracias por este tiempo que, aunque sé que es difícil y tengo temor, puedo confiar en ti. Tú eres mi salvador, tú eres mi canción y estoy segura de que cambiarás mi tristeza en gozo. Toma el control de todo y pon esa paz inmensa en mi corazón. Te amo, Dios, y te doy gracias en el poderoso nombre de Jesús. Amén.

Pasos para seguir en este devocional:

1. Toma un tiempo para orar.
2. Recuerda las promesas de Dios.
3. Aférrate a Él en toda situación.
4. Pon tu fe solo en Dios.

ALFA
YÁÑEZ
Autora del libro *El lado positivo del abandono*
Líder en la *Comunidad Mujer Valiosa*
Miembro destacado de *La Academia Escribe y Publica Tu Pasión*
El lado Positivo del Abandono
Haz las paces con el pasado, abraza los regalos que tienes en tus manos, conoce al que nunca te ha abandonado.
Alfa Yáñez
Conferencista y líder en la comunidad Mujer Valiosa
Publicado por Editorial Güipil
EditorialGuipil.com

- ESCRIBE Y PUBLICA -
Tu Pasión
ACADEMY
CON REBECA SEGEBRE
Escribe palabras que impacten y transformen vidas.
www.EscribeyPublica.com
Comunidad - Inspiración - Desarrollo
COMUNIDAD

EL ESTORBO DE TUS PREOCUPACIONES

«La lengua puede traer vida o muerte;
los que hablan mucho cosecharán las consecuencias.»
Proverbios 18:21

¿Eres del tipo de personas que no les gusta preocupar a sus seres queridos?, ¿o de las que no les gusta ocasionar molestias a otros? Quizá te han pasado por la mente las siguientes frases:

- «Para qué le comento, no tiene caso mortificar.»
- «Mejor no le digo nada, no vaya a pensar que le estoy cobrando.»
- «En otra ocasión le digo, ahorita no está el horno para bollos.»
- «¿Y si lo toma a mal?»
- «Ni para qué discutir, así lo dejo.»
- «¿Para qué le doy la contra? ¿Y si se va?»
- «Mejor me hago la tonta, así no me meto en problemas.»
- «Si me es infiel, prefiero no saber.»
- «¿Por qué no me atrevo a decir *no* a los demás?»
- «No quiero que digan que soy quejumbrosa.»

Esa era yo. Déjame contarte mi historia, pues sufría por estas preocupaciones y molestias.

Desde chica aprendí a estar callada, y digo aprendí, porque fue un mecanismo de defensa en mis años mozos. A mí me convenía observar y escuchar, mas no hablar, pues me di cuenta de que si preguntaba cosas, las personas me eludían o se apartaban. Esto lo atribuyo a que fui la primera de veinte nietos y crecí en una familia nada tradicional, rodeada de adultos excéntricos. Y no me refiero a gente estrafalaria sino a gente llena de idealismos, unos de inteligencia elevada, otros súper creativos y de actitud inconformista. El que no estaba en el mapa era mi papá y su abandono me dolía. El abandono me causó una enorme soledad y tristeza. Me hice muy incrédula y desconfiada por el rechazo de muchas personas. A los años descubriría que pagué un precio muy alto por mi inseguridad, baja autoestima y esa constante búsqueda de aprobación. Hoy me doy cuenta de que fui presa de un miedo atroz por muchísimos años, me la pasaba esquivando situaciones según yo para no herir o herirme.

Dice un viejo dicho que, si hablar es plata, callar es oro, y esto me creó el dilema de cuándo hablar y cuándo callar, pues todo me resultaba complicado.

En la sabiduría contenida en la Biblia, justo en el libro de Proverbios, encontré dos consejos, tanto para hablar como para callar. En Proverbios 17:28 leemos que «hasta los necios pasan por sabios si permanecen callados; parecen inteligentes cuando mantienen la boca cerrada». Y en Proverbios 15:23 nos dice que: «A todo el mundo le gusta una respuesta apropiada, ¡es hermoso decir lo correcto en el momento oportuno!»

Así que, meditando estas palabras dichas por el hombre más sabio del mundo, el rey Salomón, es que hay que tener una escucha activa, para eso tenemos dos oídos, y también hay que ser cuidadosas con lo que hablamos, por eso Dios nos dio nada más una boca.

¿Será que callar las propias penas y miedos es sacrificio? Si así lo es, entonces es por amor.

¿Será que hablar justo en el momento es prudente? Si así lo es, entonces es hablar con acierto.

Hay frases que taladran y dañan el alma, así que te invito a que las palabras que emanen de tu corazón hablen vida, porque así mismo hay silencios que *matan*.

Por último, te comparto que también se vale decir *no*. Yo batallaba para decir esas dos simples letras, pero he aprendido y ¡vieras cuán bien se siente! Es liberarte del compromiso o sentirte obligada por miedo al qué dirán. Si yo lo logré, por supuesto que tú también lo lograrás. Que no te dé pena pedir orientación y apoyo a una perfecta extraña en una comunidad de mujeres; así lo hice y me funcionó.

Amiga, acompáñame a orar:

Señor, unidas en oración te damos las gracias por que somos tus hijas amadas. Confiamos plenamente en tu amor y sabemos que tú haces lo que nuestra alma necesita. Escrito está que te pidamos sabiduría y te la solicitamos hoy para tomar las decisiones adecuadas. Líbranos de cualquier estorbo. Ayúdanos a frenar nuestra lengua, a saber distinguir cuándo hablar y cuándo callar. Ocupamos tu guía para que nuestros labios hablen vida. Queremos seguir sintiendo tu presencia, escucharte y hacer tu voluntad. En el nombre de Jesús, ¡amén!

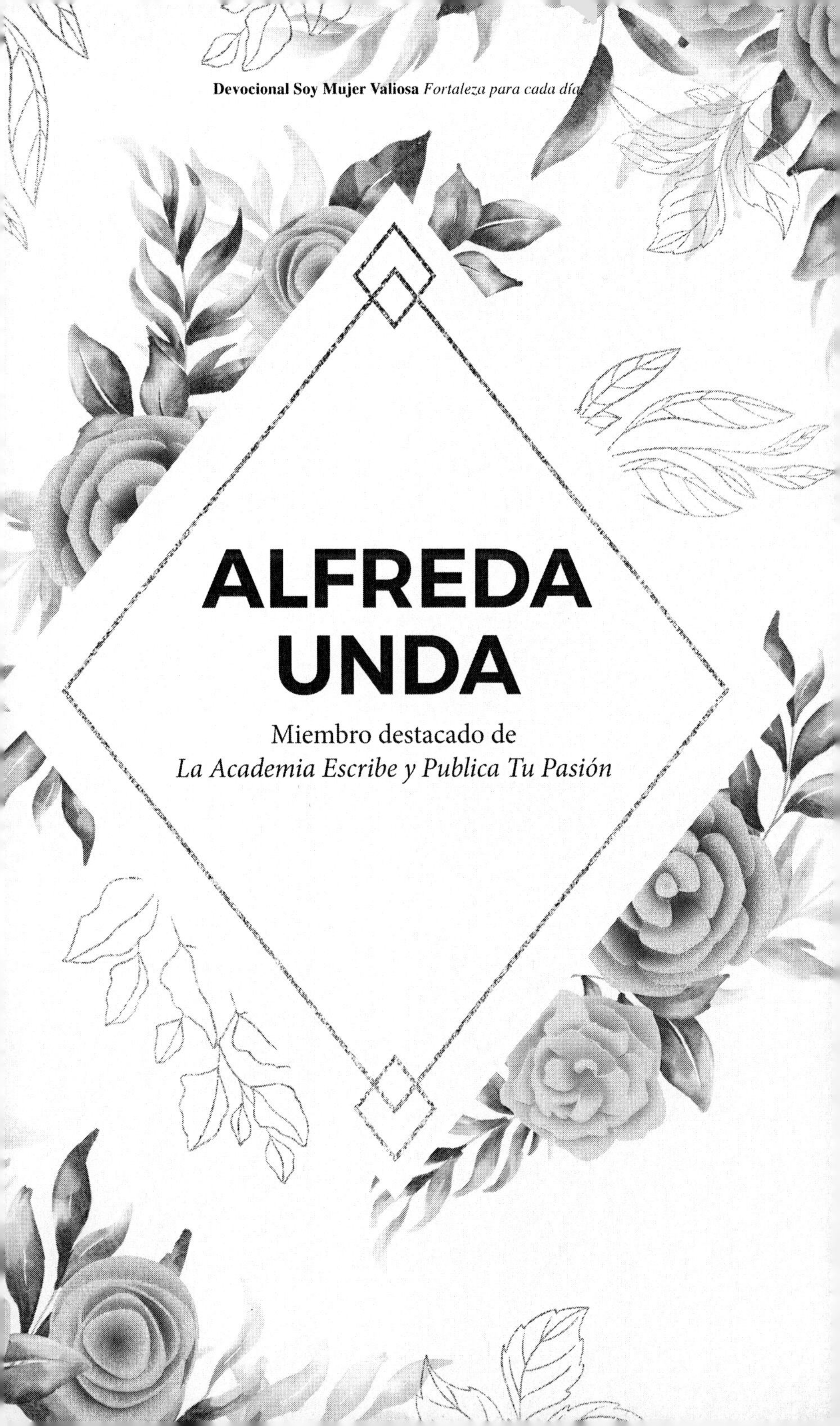

ALFREDA UNDA

Miembro destacado de
La Academia Escribe y Publica Tu Pasión

- ESCRIBE Y PUBLICA -
Tu Pasión
ACADEMY
CON REBECA SEGEBRE
Escribe palabras que impacten y transformen vidas.
www.EscribeyPublica.com
Comunidad - Inspiración - Desarrollo
COMUNIDAD

5
EDUCAR A LOS HIJOS SIN VIOLENCIA

"Padres, no hagan enojar a sus hijos con la forma en que los tratan. Más bien, críenlos con la disciplina e instrucción que proviene del Señor."
Efesios 6: 1(NTV)

Por lo general los padres recordamos que nuestros hijos nos deben obediencia pero olvidamos que el Apóstol Pablo también nos insta a los padres a no desesperar a nuestros hijos "Padres, no exasperen a sus hijos, para que no se desanimen." Colosenses 3:21(NTV)

Todos los padres quieren criar a sus hijos de la mejor manera, sin embargo, sus métodos de educación no siempre son buenos. En muchos hogares aún se aplica el castigo físico violento como método de disciplina. Al contrario de las viejas creencias, el castigo físico que se hace con fuerza violenta causa daños severos en el desarrollo emocional y psicológico de los niños. Incluso este tipo de crianza es considerada como maltrato infantil. Ya que el objetivo es causar dolor, malestar y lesiones físicas como consecuencia de una mala conducta.

Otro error muy común de los padres es pensar que, para educar bien a los niños, estos tienen que sentir dolor extremo. Los niños que son educados con métodos violentos, solo aprenden qué tienen que hacer algo sea como sea, para evitar el enojo del padre o la madre.

Muchos padres buscando afirmar su autoridad dicen "Yo

tengo derecho a pegarle a mi hija o hijo". Sin embargo, los niños tienen derechos, y merecen recibir la misma dignidad y respeto que cualquier otro ser humano. Para ello deben ser tratados sin golpes violentos, sin castigos humillantes.

Educar basados en el amor

Para educar a los niños hay nuevas estrategias que, les permiten desarrollar todas las habilidades y actitudes necesarias para su vida. La más usada es la crianza positiva, esta se basa en utilizar el cariño como la base de su educación, demás promueve el cumplimiento de sus derechos. Este método de crianza los ayuda a formarse como personas estables emocionalmente. Además, le permite a los padres ser conscientes de sus necesidades y limitaciones para continuar trabajando en sí mismos.

Esto lo aprendí por experiencia personal. Esto lo aprendí por medio de las consecuencias negativas que creo en mí el maltrato de mis padres a la hora de yo tener mis propias hijas: Por razones de violencia, me quitaron a mis hijas, para poder recuperarlas, me forzaron a tomar terapias y clases para padres. Allí me di cuenta que estas maneras de ver a los hijos y la violencia no estaban dentro de mi educación. Nadie me dijo que todo lo que me enseñaron cuando estaba pequeña estaba mal.

Al sentirme forzada a tomar esas terapias y clases me hizo recapacitar en como debo perdonar y dejar ir las cosas; era pequeña así que dejar ir aquello y perdonar Adicionalmente debía cambiar la mentalidad de antes por una nueva y sana para poder tener una vida tranquila y en paz con mis hijas porque no hay otra vida, aceptar que esa violencia me dañó y puedo hacer algo para sanar y tener una vida diferente con mis hijas. Pero sobre todo aprendí que la crianza positiva en los niños los mantiene alejados del maltrato físico y psicológico.

Estas son mis sugerencias: Suspende los privilegios, cuando haga algo malo, explícales y corrígelos, pero de una forma amorosa, usando un lenguaje apropiado, para que no sienta culpa, sino que pueda entender el error.

El uso de la violencia es un patrón que viene de siglos anteriores, donde someter a la violencia a los niños era algo comúnmente practicado y aceptado. Sin embargo, ya es hora de romper con el patrón de justificar el castigo físico para educar. No puedes repetir el modelo de crianza de tus padres. Porque aun cuando haya sido con la intención de educarte, el castigo físico violento es maltrato y una violación a los derechos humanos.

Decide romper tu con el patrón de violencia intrafamiliar

Muchos padres repiten las agresiones que sufrieron al crecer, aunque son conscientes de que esas actitudes son perjudiciales para la salud emocional de sus hijos. Muchas veces esto sucede por el desconocimiento de otras estrategias para corregir a sus hijos, y no logran controlar su agresividad, frente a algunas situaciones.

Oremos:

Señor, hoy entiendo que la violencia, siempre va a generar más violencia, es por ello que deseo romper con el patrón de la violencia familiar. Ayúdame a cambiar los viejos sistemas de educación que recibí y ayúdame a basarme en el amor, y empezar a valorar más los comportamientos positivos de mis hijos.

ANNA
CARRILLO
Autora del libro *Vida, propósito y destino*
Miembro destacado de *La Academia Escribe y Publica Tu Pasión*
VIDA
Propósito
Y DESTINO
DESCUBRE EL PLAN DE DIOS
PARA TU VIDA
ANNA CARRILLO
Publicado por Editorial Güipil
EditorialGuipil.com

- ESCRIBE Y PUBLICA -
Tu Pasión
ACADEMY
CON REBECA SEGEBRE
Escribe palabras que impacten y transformen vidas.
www.EscribeyPublica.com
Comunidad - Inspiración - Desarrollo
COMUNIDAD
Mujer Valiosa

6
INSPIRACIÓN NECESARIA

Necesitamos inspiración para todo: para levantarnos cada día, para hacer nuestras labores, para cubrir todos los roles que jugamos como padres, como esposos, como proveedores, como profesionistas y todas nuestras labores diarias, aun las más cotidianas como la limpieza de la casa, lavar el auto o cocinar, para todo necesitamos inspiración.

¿Te ha pasado que a veces quieres ponerte hacer algo y como que sientes que te falta inspiración? Literalmente, esta palabra significa «recibir el aliento», lo cual se puede definir como animar, dar vigor, alentar. En otras palabras, esa inspiración de la que hablo es el ánimo, aliento, la vida que hay dentro de ti y dentro de cada persona para crear, para producir, para formar. Podemos ser inspirados por diversas fuentes como la naturaleza, la belleza, la música, el arte e incluso hay personas que son fuente de inspiración por su testimonio o por sus logros, en la Biblia podemos verlo.

«Mas así como vosotros abundáis en todo: en fe, en palabra, en conocimiento, en toda solicitud, y en el amor que hemos inspirado en vosotros, *ved* que también abundéis en esta obra de gracia.» 2 Corintios 8:7 (LBLA)

La mejor inspiración que puedes recibir es la que viene de la Palabra de Dios. Imagina una mañana al levantarte, ir a las Escrituras y ser inspirado por ellas, por leer en ella que «el amor del Señor no tiene fin, ni se han agotado sus bondades. Cada mañana se renuevan; ¡qué grande es su fidelidad!»

(Lamentaciones 3:22-23 DHH); por supuesto que vas a comenzar ese día con la expectativa de ver esas nuevas bondades manifiestas, en ese ánimo vives ese día, es decir, inspirado en esta palabra.

O piensa nada más en el hecho de ser inspirado por una promesa de cobertura y cuidado por parte de Dios como la que se encuentra en Salmos 91:11-12 que dice:

«Pues él mandará que sus ángeles te cuiden por dondequiera que vayas. Te levantarán con sus manos para que no tropieces con piedra alguna»; ¿quién no va a ser animado por palabras como estas para salir a vivir la vida con confianza?

Definitivamente, Dios nos motiva a través de su Palabra. Tu inspiración diaria debe provenir de la Palabra viva de Dios. Su palabra y Su presencia te darán el ánimo, el vigor y el aliento para vivir cada día. Lo mejor de todo es que puedes ir a la Biblia, sabiendo que es una fuente de inspiración confiable y que serás inspirado y proyectado a lo que delante de Dios, es correcto y que atraerá bendición a tu vida, porque la Biblia dice que todo lo que está escrito en ella fue inspirado por Dios.

«Toda la Escritura es inspirada por Dios, y útil para enseñar, para redargüir, para corregir, para instruir en justicia.» 2 Timoteo 3:16

En este contexto, la palabra inspiración, significa «Dios habló». Dios escogió hombres a través de los cuales hablar.

«Porque nunca la profecía fue traída por voluntad humana, sino que los santos hombres de Dios hablaron siendo **inspirados** por el Espíritu Santo.» 2 Pedro 1:21

La palabra inspiración, desde la perspectiva de nuestro cuerpo físico, se refiere a el movimiento a través del cual se introduce aire en los pulmones; al leer esta definición, inmediatamente recordé que una de las formas en que el Espíritu Santo se representa, es como aire o viento; y reflexionando en ambos conceptos, creo que al inhalar aire podemos *inspirar la presencia de Dios*; así que, antes de comenzar cada día, *respira profundo.*

Inspiración producto de nuestros pensamientos

Para esa inspiración que día a día necesitas, qué mejor, que partir de un buen pensamiento.

«Finalmente, hermanos, piensen en todo lo que es verdadero, en todo lo que merece respeto, en todo lo que es justo y bueno; piensen en todo lo que se reconoce como una virtud, y en todo lo que es agradable y merece ser alabado.» Filipenses 4:8

La lectura de la Palabra de Dios, así como la presencia de Dios en ti, te ayudarán con esto, te guardarán de llenar tu mente de incredulidad, temor, incertidumbre y desánimo, y te ayudarán a mantenerla llena de fe, confianza, seguridad y ánimo.

Conclusión

Cuando no te sientas inspirado ni para levantarte de la cama, mucho menos para iniciar o continuar con ese proyecto personal o financiero, o necesites inspiración hasta para lo más cotidiano, ¡ya sabes lo que tienes que hacer!: ve a la fuente correcta que es el Espíritu Santo, ve a la fuente correcta que es la Palabra de Dios.

ANA ESTER
ROQUE
Autora del libro Disfrutando con los hilos de plata
Líder en la Comunidad Mujer Valiosa
Miembro destacado de La Academia Escribe y Publica Tu Pasión
Disfrutando con los hilos de Plata
Cuidar a las personas de la tercera edad es un privilegio divino
ANA ESTER ROQUE
Conferencista y líder en la Comunidad Mujer Valiosa
Publicado por
EDITORIAL IMPERIAL
CROWNED BY SUCCESS
EditorialImperial.com

- ESCRIBE Y PUBLICA -
Tu Pasión
ACADEMY
CON REBECA SEGEBRE
Escribe palabras que impacten y transformen vidas.
www.EscribeyPublica.com
Comunidad - Inspiración - Desarrollo
COMUNIDAD

7

AGRADA A DIOS EL SER AGRADECIDO

En mi cumpleaños número 55, Dios llamó mi atención en Su Palabra:

«Den gracias en todo, porque esta es la voluntad de Dios para ustedes en Cristo Jesús.» 1 Tesalonicenses 5 :18

Fue algo tan maravilloso porque Dios me dio a entender que le tengo que dar gracias por todo, lo cual quiere decir en tiempos buenos como tiempos difíciles, porque Él me ha ensenado que todo tiene un propósito para mi vida, mi familia y todo lo que pasa en mi vida le debo dar gracias a mi padre Celestial; y le dije:

«Gracias, Dios, por los 55 años que me regalas, por mi salud, tus provisiones; pero sobre todo gracias por tu sabiduría y las fuerzas que me das para enfrentar las adversidades. Tu presencia me alienta y me sustenta en todo momento, por eso te alabo cada mañana que me das vida y por cada noche que tus ángeles cuidan de mí.

Gracias, Padre Celestial, por revelarme que cuando somos agradecidos más te amamos y más bendecidos nos sentimos. Solo tú puedes dar la vida, la alegría, la sabiduría, la fortaleza y la salvación por el único medio: tu hijo Jesucristo.»

Él es quien perdona los pecados cuando le confesamos y nos rendimos a sus pies; y cuando descubrimos su amor, su fidelidad, descubrimos que ser agradecidos es cambiar la manera de mirar las cosas y ya no vamos con quejas para Dios, porque los que viven con quejas nunca pueden mirar las cosas buenas que tienen a su alrededor.

Aunque parezca absurdo o sin sentido, debemos agradecer por las pruebas de la vida, porque estas se convierten en tesoros de las bendiciones de Dios que Él tiene para nosotros. Recuerda lo que dice en Salmos 30:5:

«El llanto puede durar toda la noche pero a la mañana vendrá la alegría.»

Puedo confirmar que es verdad.

Hace unos años atrás empecé a escribir oraciones de agradecimiento, y descubrí que siempre, siempre hay algo por lo cual agradecer a Dios, y esto me hace mirar que tengo un Padre fiel que me ama y me sostiene; y cuando vuelvo a leer lo que escribí, me doy cuenta que soy una mujer afortunada de ser una hija del Rey de reyes que nunca me ha dejado sola en momentos de escases, enfermedad, dolor, traiciones y hasta del luto el siempre me ha mostrado su grandeza y me ha vestido de su realeza. Mi corazón tiene muchos motivos para ser agradecida en todo tiempo y le doy gloria y honra por su fidelidad y su amor.

Te invito a vivir un nuevo comienzo en tu vida y ser agradecida por todo, porque es la buena y perfecta voluntad de Dios.

BLANCA
ARGUETA
Autora del libro *Mi nueva historia*
Líder en la *Comunidad Mujer Valiosa*
Miembro destacado de *La Academia Escribe y Publica Tu Pasión*
BLANCA ARGUETA
Mi Nueva Historia
Un encuentro con Dios que dignifica
Publicado por Editorial Güipil
EditorialGuipil.com

- ESCRIBE Y PUBLICA -
Tu Pasión
ACADEMY
CON REBECA SEGEBRE
Escribe palabras que impacten y transformen vidas.
www.EscribeyPublica.com
Comunidad - Inspiración - Desarrollo
COMUNIDAD

ENTRESACANDO LO PRECIOSO DE LO VIL

Este texto donde Dios le dice a Jeremías estas palabras muy significativas: «Entresacar lo precioso de lo vil», me lleva a mi niñez, cuando mi madre nos ponía a mis hermanas y a mí a entresacar los hilos de las telas para que ella hiciera enormes bordados, manteles con hilos entresacados muy hermosos, —dicho sea de paso, era un enorme trabajo y se tenía que hacer con una delicadeza extrema ya que había oportunidad de cometer ningún error—. Entresacar cinco hilos horizontales y cinco verticales, eran unas de las asignaciones de parte de mi madre; no existía la posibilidad de entresacar seis hilos porque si lo hacía todo el bordado se echaba a perder. Mi convertí en experta en eso, así que cuando me encontré con esta palabra la comprendí completamente, y con el tiempo pude aplicarla a todos los momentos difíciles de mi vida. Aprendí a entresacar lo bueno a lo malo, y aunque les parezca imposible pensar que algunas circunstancias malas tengan algo bueno que entresacarles, les aseguro que siempre habrá algo bueno escondido entre todo lo malo.

Todo esto me trae a memoria un momento muy difícil de mi vida, de esas veces cuando Satanás te golpea tan fuerte que te quedas sin fuerzas, sin aliento y sin palabras. No solo te derrumba, sino que crees oírlo, gritándote al oído que de este golpe ya no te vas a levantar y que por fin él ha terminado contigo, que todos tus esfuerzos por mantenerte firme o de pie, no tendrán ninguna recompensa.

Hasta ese momento me había sentido la *súper cristiana*, la mujer que había conocido a Dios en circunstancias muy difíciles por su pasado y por lo tanto le había dicho: «Te voy a servir hasta el fin de mis días; otros te dejarán, pero yo no lo haré; otros te fallarán, pero yo continuaré firme». De pronto, me vi sin fuerzas, sin nadie con quien yo pudiera contar, manejando mi auto sin rumbo fijo, llorando desesperada mi situación, que para mí era la peor del mundo y, que, según yo, no tenía solución.

Me permito escribir esto porque tal vez tú que estás leyendo este devocional puedas identificarte conmigo. Tus circunstancias tal vez sean diferentes, pero el sufrimiento, el dolor, la desesperación y la angustia que trae consigo una situación adversa, tienen un mismo sabor y color. Ese sentimiento de dolor fue el que me llevó por fin a caer sobre mi cama, agotada, sin fuerzas físicas ni espirituales, con un mundo de confusión sobre mi mente. De esas veces que no sabes cómo conducirte, ni qué pasos dar para continuar con la vida. De esas veces donde no encuentras dirección, ni motivos para seguir luchando. De esas veces cuando el dolor te abraza tan fuerte y te drena hasta la más mínima energía. De esas veces que puedes sentir la debilidad hasta el último hueso del cuerpo. De esas veces cuando se tienen que tomar fuerzas de la debilidad y se tiene que abrazar el dolor para ahogarlo antes que termine con nosotros. De esas veces que llueve en el alma y la tormenta se torna en un torbellino abrazador y amenaza con hundirnos en una profunda desolación. De esas veces cuando deseas haber tenido alas, volar y desaparecer por el infinito y perderte en un mundo imaginario y no regresar para nunca encontrarte con la realidad la cual muchas veces es muy dolorosa. Cuando llueve en el alma es cuando Satanás te destruye lo poco que tienes; y cuando tratas de reconstruirte de nuevo al tratar de recoger los pedazos que han quedado, él viene una vez más y arremete con tal fuerza que termina arrebatándote hasta las ganas de seguir luchando.

Recuerdo que mi hija tenía como diez años de edad, y sin saber mi situación o cómo yo me sentía en ese momento, se dejó caer sobre la cama junto a mí y empezó a jugar con mi pelo, mientras cantaba un versículo de la Biblia que dice de la siguiente manera:

Cuántas veces perdonaré,
setenta veces siete.

Setenta veces siete no dejó que satanás cumpliera su cometido de destruirme, esa palabra de perdón hacia los demás —que yo estoy segura Dios puso en los labios de mi hija—, no dejó que me derrumbara y me proporcionó el aliento para levantarme una vez más. Dios siempre va a dejar a tu lado a alguien que te de ánimo, palabras de aliento y de fortaleza en momentos difíciles. Las personas o las circunstancias menos esperadas, Él las usará para ayudarte, para que estos a su vez cumplan con el propósito de arrojarte a Sus brazos. Es por eso que es importantísimo perdonar.

ELDA
CHÁVEZ
Autora del libro La Canasta de La Viuda
Líder en la Comunidad Mujer Valiosa
Miembro destacado de La Academia Escribe y Publica Tu Pasión
La Canasta de La Viuda
Dios quiere llenarla con tu ayuda
Rosa Elda Chávez
Publicado por Editorial Güipil
EditorialGuipil.com

- ESCRIBE Y PUBLICA -
Tu Pasión
ACADEMY
CON REBECA SEGEBRE
Escribe palabras que impacten y transformen vidas.
www.EscribeyPublica.com
Comunidad - Inspiración - Desarrollo
COMUNIDAD
Mujer Valiosa

9

FUERZA PARA ENFRENTAR LOS DESAFÍOS DE UNA MUJER VIUDA

«Cercano está el Señor a los quebrantados de corazón,
y salva a los abatidos de espíritu.»
Salmos 34:18

Perder a una persona amada es un proceso sumamente doloroso y difícil de sobrellevar. Las mujeres viudas enfrentan desafíos y dolores específicos, los cuales solo pueden hacer frente con la ayuda y apoyo de amigos, familiares, terapeutas y, por supuesto, de Dios.

Dependiendo de la edad en la que una mujer quede viuda, puede presentar una serie de desafíos diferentes. Debido a que pasé por esta situación y vi la mano de Dios ayudarme al enfrentar esta situación triste y desafiante, te diré algunos consejos para poder seguir adelante y darte cuenta que no estás sola en este proceso de tu vida.

Retos para una mujer viuda

- **Cuando una mujer enviuda joven.** Enviudar joven supone el reto de criar niños pequeños, a la vez que se provee para el hogar. Estas mujeres tienen que cumplir dos roles a la vez: ser madre y padre.

- **Cuando una mujer enviuda a mediana edad.** Las mujeres que pierden a su pareja entre los 35 y 40 años afrontan los retos de no tener hijos suficientemente grandes para ayudarlas y de no tener una familia en la cual refugiarse.

- **Cuando una mujer enviuda a edad avanzada.** Estas mujeres tienen el consuelo de que sus hijos ya están grandes y que han vivido increíbles momentos junto a su marido fallecido. Sin embargo, los recuerdos de esos momentos pueden llegar a ser muy dolorosos.

La forma en que se vive la viudez puede variar dependiendo de la edad de la mujer, además cada una vive el duelo de manera distinta. No es fácil avanzar hasta finalmente recuperarse de una pérdida y continuar con la vida. Requiere que tomes las riendas de tu vida y decidas avanzar. Esto no es fácil, pero Dios envía fuerzas por medio del apoyo de los que se convierten en ángeles para nosotras. Así que decide abrazar la fortaleza de Dios que puedes encontrar en estos lugares:

- **Encuentra apoyo en tu familia y amistades.** Tu familia y tus amigos siempre estarán allí para brindarte todo su apoyo y comprensión. Refugiarte en ellos te permitirá entender que no estás sola durante este proceso y que hay personas a las que les importas y que quieren lo mejor para tu vida.

- **Genera nuevos vínculos afectivos.** Para salir de la depresión, los terapeutas y especialistas recomiendan hacer nuevos amigos y conocer a personas diferentes.

- **Dale sentido a la pérdida.** Muchos profesionales argumentan que no se trata de intentar eliminar cualquier lazo emocional que exista, sino más bien en darle sentido a la pérdida y agradecer cada momento vivido con esa persona.

- **Mantén tu mente ocupada en otras cosas.** Puede ser que decidas inscribirte en alguna clase especial (como yoga, natación, etc.) o que te dediques a un trabajo en particular, lo ideal es mantener tu mente ocupada. Quizá pienses que conseguir trabajo en medio de esta situación es difícil, pero sí se puede. Incluso puedes comenzar a vender cosas por tu cuenta (como ropa, postres, etc.).

- **Refúgiate en Dios.** Si bien es cierto que Dios ama a toda su creación, Él tiene especial cuidado de la viuda y de los huérfanos. Él es capaz de ayudarte, suplirte y consolarte en medio de tu dolor y de tu necesidad. Por eso, refúgiate en Él en medio de esta etapa tan difícil.

Aquí te incluyo algunos versículos de la Biblia que demuestran el amor de Dios hacia nosotras las viudas. Medítalos y ora al Señor poniendo en Él tu confianza y tu fe:

«Padre de los huérfanos y defensor de las viudas es Dios en su santa morada.» Salmos 68:5

«El Señor protege al extranjero y sostiene al huérfano y a la viuda, pero frustra los planes de los impíos.» Salmos 149:9

«Si el pobre recurría a mí, yo lo ponía a salvo, y también al huérfano si no tenía quien lo ayudara. Me bendecían los desahuciados; ¡por mí gritaba de alegría el corazón de las viudas!» Job 29:12-13

Oración

Señor, a pesar del dolor que siento, yo recuerdo que tu estás a mi lado para darme fuerzas. Como bien lo dice tu Palabra: «Cercano está el Señor a los quebrantados de corazón, y salva a los abatidos de espíritu» (Salmo 34:18), y yo lo creo. Recibo tu amor y también tu paciencia para pasar cada etapa de este duelo con tu compañía. Amén.

EVELYN
PERALES
Autora del libro *Soy una mujer llamada propósito*
Líder en la *Comunidad Mujer Valiosa*
Miembro destacado de *La Academia Escribe y Publica Tu Pasión*
Soy Una Mujer
llamada
Propósito
NACÍ PARA SER LIBRE
EVELYN PERALES
Publicado por
Editorial Güipil
EditorialGuipil.com

- ESCRIBE Y PUBLICA -
Tu Pasión
ACADEMY
CON REBECA SEGEBRE
Escribe palabras que impacten y transformen vidas.
www.EscribeyPublica.com
Comunidad - Inspiración - Desarrollo
COMUNIDAD

10

DIOS CUIDA DE TI

«Yo soy el buen pastor; conozco a mis ovejas,
y ellas me conocen a mí.»
Juan 10:4

Hace cuatro años atrás me encontraba de vacaciones en Alemania y fui partícipe de una escena espectacular la cual quedó grabada en mi memoria. Una mañana abordamos el camión para ir de tour a Black Forest Village para ver la manufacturación de los relojes cucú y conocer la historia. En la trayectoria del camino, el conductor nos informó que el camión debía detenerse pero que no sabía por cuánto tiempo. Yo no sabía lo que estaba sucediendo y me acerqué hacia la ventana.

Había un hombre joven con un cayado y una gran manada de ovejas que lo seguían. El joven les hablaba a las ovejas, trataba de mantenerlas unidas y les impartía dirección. Algunas de ellas tenían problemas al caminar, y él retrocedió y fue en su búsqueda; y a otras que las cargó con mucho cuidado y ternura para ayudarlas a cruzar la carretera. Ellas se mantuvieron todas juntas hasta que pasaron al otro lado de la vereda y el joven esperó hasta que la última oveja estuviera segura para proseguir su rumbo. Luego se fue al frente y comenzó a silbar y a señalar con su cayado el camino a seguir; y todas empezaron a seguirle nuevamente y algunas de ellas corrían en el verde valle muy contentas y otras jugueteaban muy alegres.

Luego de esta maravillosa experiencia pude comprender mejor cuando la Biblia nos habla de Dios como nuestro pastor. Hoy tengo buenas noticias para ti: Él también es tu pastor y cuida de ti de una manera extraordinaria. Su amor es incomparable. En momentos cuando nos encontramos inseguras, sin saber qué dirección tomar, Él está con nosotras para impartirnos guía y dirección. En momentos de peligro, está listo para librarnos de los lobos feroces que puede haber a nuestro paso y así poder proseguir sin temor, con seguridad y confianza. En nuestra debilidad nos imparte nuevas fuerzas, nos toma de su mano y nos acompaña durante nuestra trayectoria.

Dios te creó y te formó en el vientre de tu madre con un cuidado muy especial, Él te conoce muy bien. Conoce tus virtudes y tus defectos, te hizo única y especial, no hay otra como tú. Al crearte te regaló grandes talentos y dones para que los pudieras utilizar en tu trayectoria por la vida. Él tiene un gran propósito y destino para ti, por tal razón, te cuida y te protege cada día de tu vida. No importa lo difícil que pueda ser tu situación en este momento, Él te dice: «¡Sé fuerte y valiente! No tengas miedo ni te desanimes, porque el Señor tu Dios está contigo dondequiera que vayas» (Josué 1:9).

Para poder conocerlo, tenemos que pasar tiempo con Él —tal y como lo hacemos con nuestras amigas— apartando un tiempo para acercarnos en oración, leer y meditar en la Biblia. Este es un hermoso tiempo de calidad para conocerlo y permitir que Él hable a tu corazón, para que puedas sentir su amor y una gran paz que llenará tu ser. Él es nuestro gran pastor, y cuando tenemos una relación con Él aprendemos a conocerlo.

Eres parte de una gran manada de ovejas que tiene un

pastor; puede ser que en el camino hayas sufrido heridas que en ocasiones te impiden caminar. No te preocupes, Dios está dispuesto a cargarte en sus brazos, ayudarte en tu trayectoria y pasar hacia el otro lado a un lugar seguro. Con Él estarás segura y tu vida no volverá a ser la misma, serás transformada y equipada con todo lo que necesitas para cumplir tu propósito divino. Dios cuida de ti y de tu familia, no estás sola, hay un gran futuro delante de ti y hoy se abren las puertas de par en par para que puedas disfrutar de todo lo nuevo que va a llegar a tu vida.

«El Señor es mi pastor; tengo todo lo que necesito. En verdes prados me deja descansar; me conduce junto a arroyos tranquilos.» Salmos 23:1-2

Oremos

Dios, tú eres mi gran pastor, tú me conoces, ayúdame a acercarme más a ti y poder conocerte tal y como eres. Dirige mis pasos hacia valles verdes, imparte paz y seguridad a mi vida. Hoy te abro mi corazón y quiero seguirte, amén.

GABRIELA RODRÍGUEZ

Miembro destacado de
La Academia Escribe y Publica Tu Pasión

- ESCRIBE Y PUBLICA -
Tu Pasión
ACADEMY
CON REBECA SEGEBRE
Escribe palabras que impacten y transformen vidas.
www.EscribeyPublica.com
Comunidad - Inspiración - Desarrollo
COMUNIDAD

11

NO HAY MAL QUE DURE CIEN AÑOS

Alguien dijo que no hay mal que dure cien años. La Biblia dice que Dios no nos dará cargas que no podamos soportar y que juntamente con la prueba nos dará la salida.

«No os ha sobrevenido ninguna prueba que no sea humana; pero fiel es Dios, que no nos dejará ser probados más de lo que podría resistir, sino que dará también juntamente con la prueba la salida, para que podamos soportar.»
1 Corintios 10:13 (RV1995)

Quizá este sea uno de los versículos que debería hacer más eco en nuestra mente cuando nos sentimos agobiados por la prueba o la tribulación.

Siempre he creído que la única forma de tener la paz, es primero tener aflicción; para sentir gozo primero debe haber tristeza; y para experimentar la sanidad, primero debes sentir la enfermedad. No existe una cosa sin la otra.

Es cierto que nuestra humanidad se niega a aceptar que el sufrimiento tenga que ser parte del camino, pero la vida es así. Ningún ser humano ha pasado en esta tierra por un camino de rosas sin espinas.

Amada, no tengas miedo al sufrimiento, recuerda que siempre trae consigo un peso de gloria que te hace crecer, madurar tu fe y ser más fuerte. Cuando llegué el tiempo difícil a tu vida, háblate a ti misma y di: «Llegó el momento de ver la gloria de Dios moverse en mi problema», y prepárate para experimentar la victoria sobre tu necesidad.

Pensar que algo bueno puede salir del dolor no es cosa fácil, pero debemos siempre confiar en la palabra que dice en Romanos 8:28 (RV1995): «Sabemos, además, que a los que aman a Dios, todas las cosas los ayudan a bien, esto es, a los que conforme a su propósito son llamados».

Cuando sientas que la angustia y la incertidumbre están dominando tu vida:

- Canta alabanzas y tu espíritu se llenará de gozo.
- Lee la Palabra de Dios y recibirás fortaleza y medicina para tus huesos.
- Ora al Padre y tendrás la respuesta a tu necesidad.

Cada día sal hacia afuera, Dios siempre deja un regalo para ti, es un día lleno de aire fresco, lluvia o sol que acariciarán tu cara y tendrás la seguridad de que es cierto, que si aún respiras es porque puedes, que los problemas son momentáneos y que cada palabra de Dios escrita se cumple, y si sientes que tus fuerzas ya se agotaron, ten la certeza que la solución puede estar a un respiro más.

¡Esfuérzate y espera! Cuando todo haya pasado, podrás comprobar que los pensamientos de Dios siempre, siempre son de bien para ti.

«Porque yo se los pensamientos que tengo acerca de vosotros, dice Jehová, pensamientos de paz y no de mal, para daros el fin que esperáis.» Jeremías 29:11 (RV1995)

¡Confía! Ninguna mujer que tiene su fe puesta en el Dios altísimo ha quedado varada en su tribulación, tú no serás la excepción. Toma tu provisión y sigue caminando, la victoria puede estar a un respiro más.

Así como hoy ríes de lo que ayer te hizo sufrir, mañana reirás de lo que te hace sufrir hoy. Si tu fe está firme en tu Creador, te aseguro que la paz, el gozo y la sanidad están a un respiro más.

ISABEL
BARTOLO
Autora del libro *El diario de Isabel*
Miembro destacado de *La Academia Escribe y Publica Tu Pasión*
EL DIARIO
de
Isabel
EL VIAJE QUE LA CONVIRTIÓ
EN GUERRERA Y ADORADORA
ISABEL BARTOLO
Publicado por
EDITORIAL
IMPERIAL
CROWNED BY SUCCESS
EditorialImperial.com

- ESCRIBE Y PUBLICA -
Tu Pasión
ACADEMY
CON REBECA SEGEBRE
Escribe palabras que impacten y transformen vidas.
www.EscribeyPublica.com
Comunidad - Inspiración - Desarrollo
COMUNIDAD

12

LA MARCA DE LA MUJER VALIOSA Y PODEROSA

"Bien dicen las hijas de Zelofehad; les darás la posesión de una heredad entre los hermanos de su padre, y traspasarás la heredad de su padre a ellas."
Números 27:7 (RVR1960)

Las hijas de Zelofehad eran cuatro mujeres que se levantaron y pidieron su herencia y se presentaron delante de Moisés, el sacerdote Eliazar, los príncipes y de toda la congregación a la puerta del tabernáculo de reunión y dijeron:

"Nuestro padre murió en el desierto; y él no estuvo en la compañía de los que se juntaron contra Jehová en el grupo de Coré, sino que en su propio pecado murió, y no tuvo hijos. ¿Por qué será quitado el nombre de nuestro padre de entre su familia, por no haber tenido hijo? Danos heredad entre los hermanos de nuestro padre." Números 27:4

La Biblia dice que Moisés llevó esta causa delante de Dios y el mismo Dios le ordenó a Moisés diciendo: "les darás la posesión de una heredad entre los hermanos de su padre a ellas"

Ya escúchanos que el mismo Jehová le dio permiso a moisés para que las hijas de Zelofehad recibieran heredad.

Ahora miremos otro pasaje, en Job 42:14-15

Aquí también vemos que Job dio herencia a todas sus hijas las cuales eran tres y muy hermosas. Después de haber perdido a sus otros hijos, Dios le concedió tres hijas y el nombre de la menor era Keren-hapuc lo cual significa "reina doncella guardada para Dios" y yo creo que en esta mujer nos convertimos cuando Dios llega a nuestras vidas, recibimos Su herencia y Su restauración y nos llama con este nombre Keren-hapuc.

Job también decidió dar herencia a sus hijas, así las mujeres de su casa recibieron la herencia que solo por cultura les correspondería a los hijos varones.

Amiga, recibe tu herencia en Cristo Jesús. Así es, nosotras como mujeres, si decidimos pelear por nuestra herencia, recibimos críticas, pero en Jesús podemos tomar la fortaleza para pedir con firmeza lo que es nuestro por medio de Él.

No te dejes intimidar, levántate mujer porque hay una generación que nos toca levantar. Job, cuando paso su proceso, no se quedó ahí postrado, sino que después que Dios le levantó, el siguió adelante. También nosotras no podemos quedarnos en nuestro pasado, sino que debemos dejar todo atrás y seguir hacia delante.

Yo decreto que todo espíritu de chacales se destruye en tu vida en el nombre de Jesús.

La marca de una mujer de Dios

Hay muchas mujeres buenas pero la mujer de Dios y la mujer valiosa tiene diferencias al compararse con otras mujeres. La marca de una mujer de Dios es el desear y seguir el plan original de Dios para esa mujer. Las mujeres fuimos llamadas a ser herederas en Cristo Jesús, y una buena mujer es capaz de hacer muchas cosas, pero una mujer de Dios es Santa, es digna. Una mujer de Dios edifica su casa. La primera marca que la caracteriza es que ella tiene comunión con Dios cada día, ella pasa tiempo de calidad con Él. Ella es una mujer que teme a Dios. Una mujer de Dios es rápida para pensar, pero lenta para hablar. Esa es la sabiduría, es allí donde vemos la mano de Dios actuar para completar Su propósito en nosotras.

Estamos viviendo en tiempos oscuros y las mujeres debemos usar nuestra boca para hablar la Palabra de Dios.

Amiga, tú tienes autoridad en tu boca, si tus hijos no van a la iglesia declara palabras proféticas sobre ellos. Lo que te hace diferente de la "mujer buena" es que tú tienes autoridad en tu boca; si tu no estás en obediencia no tienes autoridad en tu boca, pero El señor Jesús te da el poder si te sometes a Él. Una mujer de Dios puede caminar en el poder sobrenatural, este es el sello de una mujer valiosa, esta es su marca, así que esfuérzate, somete tu voluntad a Dios.

Oración:

Señor Jesús, gracias por tu Palabra porque me enseñas a ser una mujer poderosa y valiosa más que el oro, más que el diamante. No permitas que nadie me destruya y cuídame de la violencia de los que se levantan para abusar y violar tu propósito en mi vida. Así como las hijas de Zelofehad, dame la fortaleza para recibir Tu herencia. Muchas gracias, Señor, amén.

JANISSA E. COSME
Autora del libro *La mujer y sus relaciones*
Líder en la *Comunidad Mujer Valiosa*
Miembro destacado de *La Academia Escribe y Publica Tu Pasión*
JANISSA E. COSME
La Mujer y sus Relaciones
Abrazando la aventura de ser mujer
Publicado por Editorial Güipil
EditorialGuipil.com

- ESCRIBE Y PUBLICA -
Tu Pasión
ACADEMY
CON REBECA SEGEBRE
Escribe palabras que impacten y transformen vidas.
www.EscribeyPublica.com
Comunidad - Inspiración - Desarrollo
COMUNIDAD

13

DEJAR EL PASADO NO ES TAREA FÁCIL

«No, amados hermanos, no lo he logrado, pero me concentro únicamente en esto: olvido el pasado y fijo la mirada en lo que tengo por delante, y así avanzo hasta llegar al final de la carrera para recibir el premio celestial al cual Dios nos llama por medio de Cristo Jesús.»
Filipenses 3: 13 - 14 (NTV)

El pasado nos ha dejado una carga. Pero hay que reconocer que no podemos caminar con él. Es necesario concentrarnos en el presente para construir el futuro.

¿Cómo enfocarnos en lo que nos falta lograr con una actitud relajada y sabia?

Dejando atrás la culpa y las manipulaciones, las ansiedades que no son más que cosas negativas que nos dejó el ayer. El apóstol Pablo nos dice que el aún no lo había logrado, pero era su intención hacerlo para poder avanzar al futuro. Tal vez tu digas: «No sé qué esperar de mi futuro», pensar así nos lleva a la preocupación al estrés y puede que a desarrollar dependencias. Para abandonar el pasado necesitamos concedernos un tiempo prudente para lamentar lo sucedido. Si tú no lamentas lo sucedido, entonces no hay arrepentimiento.

Te hago estas preguntas: ¿Es posible abandonar un hábito?, ¿corregir un comportamiento o reemplazar un patrón equivocado sin haberlo identificado?

Si tú no sabes dónde está tu error, lo vas a seguir haciendo. Los seres humanos tenemos la capacidad de auto observarnos. Si no identificamos qué es lo que nos pasa, sería en vano luchar sin dirección.

La clave para poder lograr con éxito las cosas que deseas es aceptar con amor la palabra del Señor en tu vida.

A veces es imposible aceptar un hecho negativo del pasado porque es la primera reacción que uno tiene. Yo no acepto que me equivoqué; pero hoy estoy en un lugar que no me gusta. Miro ahora las consecuencias. «¿Qué hago? ¿Cómo voy a salir de esto? ¿Cómo reacciono ante el fracaso?» Uno mismo se empieza a litigar, pero uno no se ama. Cuando uno practica el amor en la palabra del Señor tenemos más autocompasión y baja el nivel de orgullo, rabia, ira impotencia, angustia y ansiedad. Todo lo causado por cometer el error y más si es grave.

Hay decisiones que tomamos en base al pasado y pueden disfrazarse de la idea de ese es mi destino. Entonces, lo perpetuamos de nuevo, o sea, lo volvemos a hacer porque creemos que lo merecemos. «Hay pastilla que se beben con una decisión no con agua solamente». Por eso es vital agradecer tu pasado. Una vez que tú lo veas como una escuela, lo agradeces.

El pasado te ayuda, te enseña cómo vivir, porque darás un giro y tus cambios serán permanentes. Esta es la plataforma de tu experiencia adquirida. Tomarás decisiones sabias. No desperdicies tu crisis y tu dolor.

Esto también viene tras pedir perdón a Dios quien es bueno y perdonador y uno no lo agradece.

Mirar nuestro futuro como nuevo y un regalo de parte de Dios y declarar: «Él colma mi vida de cosas buenas; ¡mi juventud se renueva como la del águila!» Salmos 103: 5

Amiga, una señal de que no abandonas tus sueños es cuando sigues poniendo tus dones al servicio de los demás.

¿Cómo lidiar con el pasado de manera correcta?

- Enfócate en lo que te falta lograr con una actitud relajada y sabia.
- Concédete un tiempo prudente para lamentar lo sucedido.
- Abandonar un hábito sin haberlo identificado es imposible: Lo vas a seguir cometiendo.
- Acepta el amor de Dios expresado en la Palabra del Señor como una realidad en tu vida.
- Cuando no aceptas que te equivocaste debes litigar contigo misma.
- Practica el amor y así abandonarás el pasado, tendrás más autocompasión y disminuirás tu nivel de rabia e impotencia.
- Agradece tu pasado porque es una escuela.
- El pasado te enseña cómo vivir. Tus cambios son permanentes en base a las experiencias adquiridas.
- Agradece a Dios por todo lo que te da. Cuando uno no lo agradece es porque no lo reconoce. Decide ser luz con tu testimonio pasado de manera que traiga gloria a Dios.

Oración

Señor, contigo de mi lado, sé que el pasado no me detiene. Yo te pido tu ayuda, te pido tus fuerzas y que renueves mi juventud como la del águila. Hoy, miro hacia delante, olvido el pasado y fijo la mirada en lo que tengo por delante, y así avanzo hasta llegar al final de la carrera para recibir el premio celestial que tienes preparado para mi vida. Amén.

JUANA
AMARO
Miembro destacado de
La Academia Escribe y Publica Tu Pasión
Participante del libro
Poemario Soy Mujer Valiosa 2020
POEMAS
Soy
Mujer
Valiosa
Publicado por Editorial Güipil
EditorialGuipil.com

- ESCRIBE Y PUBLICA -
Tu Pasión
ACADEMY
CON REBECA SEGEBRE
Escribe palabras que impacten y transformen vidas.
www.EscribeyPublica.com
Comunidad - Inspiración - Desarrollo
COMUNIDAD

DIOS TIENE PLANES DE BIEN PARA NUESTRAS VIDAS

«Porque yo sé los pensamientos que tengo acerca de vosotros,
dice Jehová, pensamientos de paz y no de mal,
para daros el fin que esperáis.»
Jeremías 29:11

Cuando llegué por primera vez a Estados Unidos, a la ciudad de San Francisco, no era mi plan ni mi sueño vivir en este país. Llegué con visa de turista a pasar tres semanas de vacaciones, y aunque disfruté mucho mi estadía en ese lugar, cuando me ofrecieron un trabajo, esa oferta me asustó; dándole las gracias a esa persona, argumenté que yo tenía trabajo en mi país.

Siempre pensaba que no me había quemado las pestañas en una universidad para venir a este país a trabajar en cualquier cosa, pero Dios estaba interesado en mostrarme sus planes, esos pensamientos de bien y no de mal y haciéndome su llamado a entregarle mi trabajo y dedicarme al trabajo de Su obra, no pude resistir a obedecer por amor al que me amó primero, con tanto amor apasionado hasta la muerte.

Al principio pensé que era solamente por un tiempo, pero después fui dirigida por Dios a quedarme y ahora le agradezco haberme mostrado sus planes y haberme atraído por amor hacia ellos. Ahora comprendo que los pensamientos y planes de Dios para mí, eran mejores que los míos. Él me ha bendecido y también a mis hijos. Agradezco a Dios por su misericordia y gracia, por haber abierto mi entendimiento para ser guiada por su Espíritu hacia ese propósito y destino.

Dios tiene pensamientos de paz y no de mal, nosotras como sus hijas debemos empezar por renovarnos y tener pensamientos de bien y de paz. Empecemos por comprender la amplitud del significado de la palabra paz. La palabra paz proviene del hebreo shalom, que significa plenitud, totalidad, integridad, salud, bienestar, seguridad, solidez, es tranquilidad, prosperidad, perfección, descanso y es armonía. Shalom viene de la raíz verbal shalam, que significa perfecto, pleno, completo; por lo tanto, shalom representa mucho más que la ausencia de guerra o conflicto.

Conozco a muchas personas que no tienen sueños ni planes para sus vidas; y algunas hasta desconocen el propósito por el cual Dios las colocó en este tiempo, lugar y circunstancia. Si esta es tu situación, yo te invito a dejarte guiar por el Espíritu de Dios, pues Él quiere dirigir tu vida hacia ese puerto seguro. Él tiene esos planes de bien y no de mal para darte ese porvenir lleno de esperanza que necesitas. Abre tu corazón a lo que te dice esta palabra y renueva tus pensamientos y verás como se van reformando tus sueños y anhelos.

Llena tu mente de la Palabra de Dios y verás cómo cambia tu visión. Comienza por sacar de tu vocabulario palabras pesimistas, de quejas o conmiseración y reemplazándolas por palabras de ánimo, esperanza y alabanza para Dios. Haz declaraciones de fe con la Palabra de Dios. Lee las historias de las mujeres de Dios que con su fe alcanzaron victorias e inspírate en ellas en esos desafíos que las llevaron a hacer historia. Estoy segura que avanzarás hacia esos planes de bien que Dios tiene para ti.

Oremos

Padre Celestial, gracias por este faro de luz que nos propicias a través de las Sagradas Escrituras, por ella sabemos que honras tu palabra y que nunca retorna vacía, sino que cumple su propósito. Gracias por revelarnos tus pensamientos a través de tu Palabra y darnos la convicción de que tus planes de paz y de bien se cumplirán en nuestras vidas. Te pedimos que abras los ojos de nuestro entendimiento para entender claramente ese propósito que tienes para nuestras vidas. Ayúdanos a conocer cuál es la esperanza a la cual nos llamas cada día. Te entregamos nuestra voluntad para ser guiadas por tu Santo Espíritu; y que tu perfecta voluntad sea cumplida. Te lo pedimos en el nombre de tu amado hijo Jesucristo. Amén.

Devocional Soy Mujer Valiosa Fortaleza para cada día
JULIE
GÓMEZ
Miembro destacado de
La Academia Escribe y Publica Tu Pasión
Participante del libro
Devocional Soy Mujer Valiosa 2020
DEVOCIONAL
Soy
Mujer
Valiosa
Publicado por Editorial Güipil
EditorialGuipil.com

- ESCRIBE Y PUBLICA -
Tu Pasión
ACADEMY
CON REBECA SEGEBRE
Escribe palabras que impacten y transformen vidas.
www.EscribeyPublica.com
Comunidad - Inspiración - Desarrollo
COMUNIDAD

AVANZA SIN TEMOR

«Es mujer de carácter; mantiene su dignidad,
y enfrenta confiada el futuro.»
Proverbios 31:25

Mi amada, ¿sientes miedo? Mientras estás leyendo este devocional quiero que te des una pausa y pienses en tus miedos. ¿Qué es lo que te está paralizando de cumplir tu propósito? Dios nos ama a pesar de nuestros miedos y nos da una promesa en su Palabra:

«Así que no temas, porque yo estoy contigo; no te angusties, porque yo soy tu Dios. Te fortaleceré y te ayudaré; te sostendré con mi diestra victoriosa.» Isaías 41:10

Qué difícil es avanzar en la vida con temores que solo nos paralizan, sino que nos impiden conocer nuestro propósito. Los dolores que pasamos en la vida son para darle forma a nuestro propósito. Es necesario avanzar, seguir caminando, debemos ser mejores, buscando nuestra perfección y nuestra verdadera identidad, como mujeres victoriosas que somos. La misma vida nos enseña que hay etapas, iniciando desde el nacimiento, la niñez, la adolescencia y nuestra vida de adulta y nos seguimos desarrollando hasta nuestra vejez. De esa misma manera tenemos que avanzar en cada etapa de la vida, en cada problema, en cada situación que la vida nos brinde. Avancemos. Y te preguntarás: ¿Cómo enfrento la vida? ¿cómo avanzo?

Fortaleciendo nuestro Espíritu. Por medio de la palabra en Efesios 3:14-21 entenderemos que llenarnos de Dios nos ayudará a consolidarnos:

«Por esta causa doblo mis rodillas ante el Padre de nuestro Señor Jesucristo, de quien toma nombre toda familia en los cielos y en la tierra, para que os dé, conforme a las riquezas de su gloria, el ser fortalecidos con poder en el hombre interior por su Espíritu; para que habite Cristo por la fe en vuestros corazones, a fin de que, arraigados y cimentados en amor, seáis plenamente capaces de comprender con todos los santos cuál sea la anchura, la longitud, la profundidad y la altura, y de conocer el amor de Cristo, que excede a todo conocimiento, para que seáis llenos de toda la plenitud de Dios. Y a Aquel que es poderoso para hacer todas las cosas mucho más abundantemente de lo que pedimos o entendemos, según el poder que actúa en nosotros, a él sea gloria en la iglesia en Cristo Jesús por todas las edades, por los siglos de los siglos. Amén.»

Mi amada, todas tenemos un proceso que es perfeccionado por Dios día a día. Este proceso lleva una parte consiente que anhelamos de ser mejor. En algunas ocasiones hacemos lo contrario, luchando en contra de nuestro propósito, dejando que los miedos y emociones nos controlen. No dejemos que nada nos afecte ni que nos detenga.

Es necesario avanzar buscando ese sueño, esos anhelos que no hemos conseguido. Vamos a convertirlos en realidad, debemos compartirlo al mundo. Si eres una mujer valiente y esforzada, te conocerán por tu carácter, por ser luchadora, trabajadora, emprendedora, sabia, una mujer que ama a Dios sobre todas las cosas. Al mostrar que eres valiente y esforzada llamarás la atención de Dios y de todos los demás. Me recuerda al versículo de Josué 1:9, que dice:

«Mira que te mando que te esfuerces y seas valiente; no temas ni desmayes, porque Jehová, tu Dios, estará contigo dondequiera que vayas.»

Puede ser que las circunstancias a nuestro alrededor nos

indiquen que no lo podremos realizar; pero eso no significa que dejemos de avanzar por lo que soñamos. Dios nos dice en Su Palabra en Salmos 46: 1-2:

«Dios es nuestro amparo y nuestra fortaleza, nuestra ayuda segura en momentos de angustia. Por eso no temeremos, aunque se desmorone la tierra y las montañas se hundan en el fondo del mar.»

Es tiempo de luchar contra las circunstancias, enfrentar los obstáculos sin perder la esperanza y un día llegaremos a vivir nuestros sueños. ¡Avancemos seguras de la mano de Dios! Nunca abandonemos los sueños que Dios ya puso en nuestros corazones; si no los dio es seguro que se cumplirán. Recuerda, el ser esforzada y valiente tiene un precio es parte de nuestro crecimiento. No olvides obedecer a Dios, confiar en Dios, escuchar a Dios y honrarlo en todo, para que tus esfuerzos tengan fruto. Así la lucha en esas circunstancias será más ligera.

Te animo a no rendirte. Sigue luchando por tus sueños, porque con la ayuda de Dios todo es posible. Su palabra es fiel y verdadera que nos dice en Filipenses 4:13: «Todo lo puedo en Cristo que me fortalece».

Por último, ya que sabes cuáles son tus miedos, ponlos delante de Dios, entrégaselos, déjalos ahí y empieza a creer en ti. No dudes de ti, —es indispensable creer en ti también—, eres la mejor creación que nuestro amado Dios hizo. ¡Es tu tiempo de brillar!

NIDIA
LAIKA TORRES
Autora del libro *Corazón de guerrera*
Líder en la *Comunidad Mujer Valiosa*
Miembro destacado de *La Academia Escribe y Publica Tu Pasión*
Corazón
DE
GUERRERA
ENFRENTANDO LOS DESAFÍOS
DE LA VIDA CON VALENTÍA
NIDIA LAIKA TORRES
Líder en la Comunidad Mujer Valiosa
Publicado por Editorial Güipil
EditorialGuipil.com

- ESCRIBE Y PUBLICA -
Tu Pasión
ACADEMY
CON REBECA SEGEBRE
Escribe palabras que impacten y transformen vidas.
www.EscribeyPublica.com
Comunidad - Inspiración - Desarrollo
COMUNIDAD

16
UN CORAZÓN AGRADECIDO

«Una mujer agradecida es una mujer fortalecida en el día a día con el poder de transformar su alrededor para el Señor.»

Sentadas a la mesa, mientras compartía el té con mi prima Daisy y mi cuñada, conversábamos sobre muchos temas y entre ellos surgió el tema del amor incondicional. Debatíamos sobre la existencia de ese amor tan especial y sobrenatural. Un amor que no conoce excusas para darse; un amor que, aunque no sea reconocido es el que sostiene a toda la humanidad. El amor de una madre ejemplifica claramente ese amor y da testimonio de su existencia. Si ese amor sin condiciones que hace que las personas se entreguen sin ningún tipo de interés verdaderamente existe, ¿podría ser posible que alguien nos esté expresando ese amor y que nosotros no lo estemos reconociendo?

Agradecer es un acto de reconocimiento en el que expresamos nuestra gratitud y valoramos el esfuerzo que otros han realizado. Día a día, las personas que están en nuestro alrededor nos dan muestras de amor y nosotros muchas veces las pasamos por alto. Los afanes del día y el vivir sobrecargados o estresados dificultan ver los pequeños detalles que las personas hacen por nosotros.

Cultiva un corazón agradecido

Pon en práctica el agradecimiento. Las pequeñas acciones de gracias te ayudan a cultivar un corazón agradecido. Empieza y termina tu día agradeciendo a Dios por sus misericordias que son nuevas cada mañana (Lamentaciones 3:23). Agradece antes de cada comida, el tener alimento en la mesa es algo que debemos agradecer y valorar siempre.

Utiliza un diario de agradecimiento. Lleva un registro y anota cuando te sientas agradecida por algo. Registra las muestras de amor y de afecto que recibes diariamente, y pronto empezarás a valorar más a las personas. Te darás cuenta que todavía en los tiempos difíciles siempre habrá algo por lo cual dar gracias. La más grande muestra de amor fue dada por Dios en la cruz a través de Jesucristo. Un regalo de amor y gracia, y lo hizo de una forma incondicional, mostrándonos que su amor no tiene límites.

«Mas Dios muestra su amor para con nosotros, en que, siendo aún pecadores, Cristo murió por nosotros.»
Romanos 5:8 (RVR1960)

El amor de Dios nos da la fortaleza que necesitamos para ser agradecidos aun en los momentos más difíciles de nuestras vidas. Nos dio de Su Espíritu y nos prometió que nunca nos dejaría solos y que estaría con nosotros hasta el fin del mundo (Mateo 28:20).

¿Cómo podemos agradecer un amor tan grande? ¿Cómo podemos expresar a Dios nuestro agradecimiento?

- Obedece a Dios y guarda Su Palabra (1 Samuel 15:22).
- Dios quiere que seamos agradecidos. («Y la paz de Dios gobierne en vuestros corazones, a la que asimismo fuisteis llamados en un solo cuerpo; y sed agradecidos.»
  Colosenses 3:15 RVR1960).
- Dios quiere que muestres agradecimiento y que expreses tu gratitud a otros. («Pagad a todos lo que debéis: al que tributo, tributo; al que, impuesto, impuesto; al que respeto, respeto; al que honra, honra.» Romanos 13:7 RVR1960).

• Honra a Dios, dad gracias en todo. («...Yo honro a los que me honran.» 1 Samuel 2:30 RVR1960).

Expresa tu gratitud dando tiempo de calidad, comparte con otros. Abraza, besa, acércate a las personas que amas y exprésales tu amor y agradecimiento. Regala un pequeño obsequio, no tiene que ser nada costoso, una tarjeta de agradecimiento será mas que suficiente para aquellas personas que te aman. Agradece con palabras de aliento dejándoles saber lo bien que han hecho una tarea o lo mucho que te agrado lo que hicieron. Por último, haz actos de servicio. Trata de ayudar a esa persona que te ha extendido la mano cuando estuviste necesitado. Los regalos, pasar tiempo con otros, o un simple gracias son actos de honra y agradecimiento que cambian la atmósfera que nos rodea.

Al terminar nuestra conversación, mi prima Daisy se comprometió a ser agradecida y a tomar toda una semana para dar muestra de agradecimiento por todo lo que recibía. Concluimos dando gracias a Dios por la vida, por los hijos, por el trabajo, y por la oportunidad de poder compartir una taza de té. Dios quiere que demos gracias en todo.
(1 Tesalonicenses 5:18).

Reto
Te reto a comprometerte y ser agradecida y a tomar una semana para mostrarte agradecida con todos aquellos que hacen algo por ti. No perdamos la oportunidad que Dios nos da cada día de agradecer y honrar a los que nos aman.

Oremos
Dios y Padre nuestro, hoy quiero pedirte que me des un corazón agradecido para ver tus misericordias y reconocer la creación como un regalo que nos has dado. En el nombre de Jesús, amén.

LILLIAM I.
SOLÍS VEGA
Autora del libro *Atrévete a crecer conmigo*
Líder en la *Comunidad Mujer Valiosa*
Miembro destacado de *La Academia Escribe y Publica Tu Pasión*
Atrévete a crecer conmigo
ACERCÁNDOTE MÁS A TU CREADOR
LILLIAM I. SOLÍS VEGA
Líder en la Comunidad Mujer Valiosa
Publicado por Editorial Güipil
EditorialGuipil.com

- ESCRIBE Y PUBLICA -
Tu Pasión
ACADEMY
CON REBECA SEGEBRE
Escribe palabras que impacten y transformen vidas.
www.EscribeyPublica.com
Comunidad - Inspiración - Desarrollo
COMUNIDAD

17

FORTALEZA EN MEDIO DE MI ANGUSTIA

«Oh Dios, me enseñaste desde mi juventud,
Y hasta ahora he manifestado tus maravillas.»
Salmo 71:17 (RVR1960)

En este preciso momento en el que redacto estos cortos renglones de la bóveda de mis recuerdos, cobra vida aquella escena de confusión cuando un médico, frente a mí, le dijo a mi madre:

—¿Esta es tu hija?

Y mi madre le dijo:

—Sí.

Él me miró y luego volvió su mirada a ella, y dijo:

—Qué pena. —Y luego, sin ningún reparo añadió—: Te quedan ocho meses de vida.

Miré a mi madre, y ella me contempló con su acostumbrada calma y serenidad y no dijo nada.

Salimos, y le pregunté a mi madre si se iba a morir; ella me dijo:

—No.

Y le creí. Le creí tanto que seguía viviendo la vida de una niña que veía día a día la salud de su madre deteriorándose, pero confiada en lo que su madre le había dicho: «No, hija, no moriré».

Pasaron los meses, mis días transcurrían entre la casa, la escuela y la iglesia. En la escuela siempre me destacaba por mis excelentes notas, pues no se me permitía la B, C y mucho menos las D. En la iglesia, siempre apasionada con la música, la canción y el liderazgo. Pues al ser la menor de tres hermanas mayores y un varón de crianza, tenía que madurar para adaptarme al entorno. Esa misma madurez era la que me llevaba a valorar mis días en la iglesia y me llevaba a también a destacarme en la canción y en el conocimiento de las Sagradas Escrituras, pues tuve muy buenos maestros de la escuela bíblica. Así que confiada que mi madre estaría bien, la escuela, la iglesia y mi dinámica familiar estaban en perfecto balance a mis cortos doce años.

Recuerdo que tuve un sueño que sacudió mi tranquilidad. Soñé que mi madre se moría. Desperté en un llanto incontrolable, fui corriendo a su cuarto —pues dormíamos juntas, pero luego la enfermedad nos separó en recamaras distintas—, y le conté en un llanto incontrolable que la vi morir. Sin embargo, ella volvió a decirme: «No te preocupes, no moriré», y volví y le creí.

Recuerdo que le compartí un texto que me había salido en las Sagradas Escrituras, donde Yahweh le decía a su pueblo que ninguna enfermedad que le había enviado al pueblo de Egipto se la enviaría a ellos. Recuerdo que lo leí con mucho énfasis y hasta le canté coros nuevos que había aprendido en el santuario.

Transcurrió el tiempo, hasta que una tarde, mientras jugaba con mis compañeros de clase, llegó a mi escuela mi cuñado —que luego se convertiría y en mi padre adoptivo—, y me dijo:

—¿Dónde está tu maestra? Recoge tus pertenencias y sube al carro, allí están tus hermanas.

Él no tuvo que decirme nada más, mis ojos se abrieron y le dije:

—¿Mi mamá se murió?

Y él asintió con la cabeza. Corrí al carro, entre llantos y gritos de mis hermanas mayores, enmudecí y en silencio llegué a casa. Recuerdo que lo primero que hice fue correr al cuarto de mi mamá, me arrodillé y abrí las Sagradas Escrituras, me encontré con la escena de la muerte de mi Maestro; la cerré y le dije, entre enojo, dolor, impotencia y desconsuelo, a mi Padre Celestial:

—Yahweh, te llevaste lo más importante de mi vida, mi todo... ahora te encargas de mí en todo.

Y sin darme cuenta entré en un pacto de amor y le entregué toda mi vida a mi Padre Celestial. Desde ese día, comencé una relación de tú a tú con mi Padre Eterno. Viví el duelo, pero de la mano del Gran Yo Soy. Todos los días le oraba, lloraba y le contaba mi pena, mi dolor y mis logros. Él, en Su amor y misericordia y en el pacto que habíamos establecido aquella tarde, me puso en el camino muchas madres que me cuidaron y guiaron. Puso en mi gracia y favor para con todos los que me conocían. Me regaló dones y talentos. Y hoy puedo decir, que todo lo puedo en Yeshúa que me fortalece (Filipenses 4:13), sobre peña puso mis pies, me libró de todos mis temores y me dio una nueva canción (Salmos 40).

Oremos

Bendito Rey y Padre Eterno, te doy las gracias, porque fuiste mi fortaleza en mi momento de angustia. Guiaste mis pasos porque confié en ti. Aunque fue duro el camino, no me dejaste y fuiste mi provisión en todo momento. Me ayudaste y me guardaste y hoy puedo decir: «Me enseñaste desde mi juventud y hasta ahora he manifestado tus maravillas. Y aun en la vejez y en las canas, no me desampararás porque aún tengo que anunciar tu poder y tu benevolencia a la posteridad» (Salmos 71). En el Mesías, el hijo de tu amor, Amén.

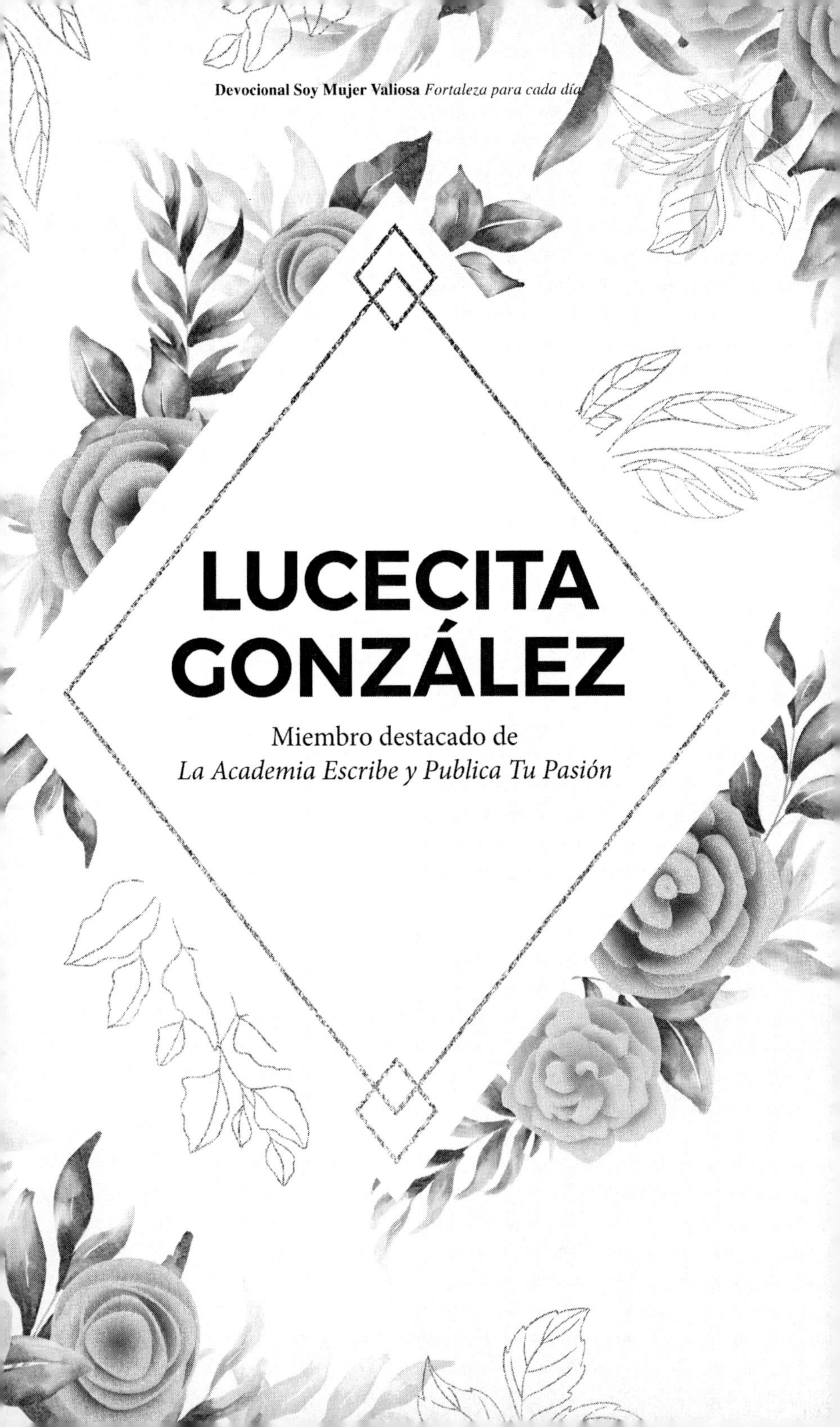

LUCECITA GONZÁLEZ

Miembro destacado de
La Academia Escribe y Publica Tu Pasión

- ESCRIBE Y PUBLICA -
Tu Pasión
ACADEMY
CON REBECA SEGEBRE
Escribe palabras que impacten y transformen vidas.
www.EscribeyPublica.com
Comunidad - Inspiración - Desarrollo
COMUNIDAD

18

TIEMPO CON DIOS

Mientras meditaba sobre lo bueno que ha sido Dios en mi vida, pienso en los momentos difíciles que he tenido, las veces que me ha ayudado, guardado, amado, librado de la muerte y sanado; cómo es su amor por mí y por ti; por cuanto siendo pecadores dio su vida por cada una de nosotras sin merecerlo. Nadie en el mundo te puede amar como Él.

Quiero decirte que al Dios a quien sirvo es capaz de transformar todos tus sueños en una realidad. Mientras haces planes, Dios tiene planes para ti porque sus planes son de bien y no de mal para darte un futuro mejor.

En Mateo7:7 Jesús dice: «Pidan y Dios os atenderá, busquen y encontraran, llamen y Dios les abrirá la puerta».

Eso hice, clamar a Dios hasta que esa puerta se abrió para lograr mi sueño de estudiar. Fui a la universidad, y con mucho esfuerzo y dedicación estudié técnico de farmacia. Con la ayuda de Dios y mucho empeño, fui valiente, no temí y Él estuvo a mi lado como poderoso gigante (Josué 16:9).

¿Qué te impide alcanzar tus sueños? Persigue los sueños de Dios para tu vida, ora día a día por tus metas. Te exhorto a que te no pongas limitaciones; si Dios te da un sueño, ve tras él. Cuando le eres fiel a Dios verás su mano ayudándote en todo momento. En el camino puedes encontrar muchos desafíos antes de llegar lo que esperas, pero declara el final siempre que Él te dará la victoria. Antes de la bendición llegarán obstáculos, pero nunca pierdas la fe, el Señor lo hará.

En un momento en mi vida pensé que no sería madre, pero a pesar de lo que los médicos pueden decir o pensar, Dios tiene siempre la última palabra. Luego de siete años de intentar tener un bebé, Dios hizo el milagro; la ciencia decía que era un aborto, que venía con síndrome Down, pero nació bien para la gloria de Dios. Al año, el enemigo quiso robar mi fe diciendo que mi niña se quedaría pequeña: le diagnosticaron telarquia, es decir, hormonas elevadas de estrógeno. Cuando la niña cumplió un año se le aceleró la pubertad, y me dijeron que eso podía causarle cáncer. Mas Jesús hizo el milagro de sanación en ella. Hoy en día tiene dieciséis años, es una adoradora, una artista del arte y maestra de niños en la iglesia.

Créele a Dios siempre.

Oremos

Padre, declaro tu bendición sobre mí. Declaro que no hay nada imposible para ti, mi Dios. Toda enfermedad, todo cansancio, todo desánimo, toda escasez, Padre, tú la quitas. Declaro provisión y cuidado, en el nombre poderoso de Jesucristo. ¡Amén!

LUCY
CORTEZ
Miembro destacado de
La Academia Escribe y Publica Tu Pasión
Participante del libro
Diario de Oración Mujer Valiosa 2021
Diario
de
Oración
Mujer Valiosa
Respuesta Divina
en tiempos de necesidad
Escribe y Publica
Tu Pasión
Publicado por
EDITORIAL
IMPERIAL
CROWNED BY SUCCESS
EditorialImperial.com

- ESCRIBE Y PUBLICA -
Tu Pasión
ACADEMY
CON REBECA SEGEBRE
Escribe palabras que impacten y transformen vidas.
www.EscribeyPublica.com
Comunidad - Inspiración - Desarrollo
COMUNIDAD

19

SEÑOR, SI TÚ CALZAS MIS PIES, IRÉ DONDE TÚ QUIERAS

A raíz de la muerte de mi esposo, hubo muchas cosas que quedaron inciertas, vacías, entre ellas, el liderazgo de pastor en la comunidad de fe donde trabajamos por muchos años.

Siempre había sido su ayudante, su compañera en todo sentido, pero ahora tenía ante mí, la posibilidad de tomar aquel manto. Era una gran responsabilidad que tendría que aceptar para poder continuar o, en su caso, cambiar de rumbo de dirección en mi vida.

Mis hijos habían regresado a vivir a la ciudad donde Dios nos había llamado a servir, a raíz de la enfermedad de su padre. Realizaban la mayoría del trabajo que se requería, así que yo me sentía apoyada por ellos incondicionalmente; sin embargo, el temor se asomaba en mi corazón y empezaba a traer dudas a mi mente. ¿Estaría capacitada para esta gran misión? Me encontraba en mi duelo y con el reto de continuar con el legado de mi esposo.

Una noche recibí la respuesta de Dios, a través de un sueño donde me vi en un lugar lleno de personas, cuando de repente alguien me dijo:

—Está lista, le toca hablar a usted.

A lo que yo contesté:

—No, yo no soy la que lo hará.

Esa persona, insistente y con voz firme, me contestó:

—Sí, usted es la siguiente, la están esperando.

Inmediatamente me levanté de mi lugar en busca de mis cosas y mis notas. En el seminario me habían enseñado que estar listos sería nuestro lema. Pero en ese momento, en aquel sueño, no encontré mis zapatos para poder calzar mis pies. Por más que los buscaba, no daba con ellos. Angustiada y sin respuesta, recuerdo caer de rodillas y decirle a mi Dios:

—Dios, yo no estoy preparada para esto, ni siquiera encuentro mis zapatos.

Repentinamente, en medio de aquella queja, reaccioné al sentir Su presencia frente a mí, dándome la oportunidad de ser parte de su plan y su propósito. Me sentí como una niña avergonzada y con llanto en mis ojos, exclamé:

—Señor, yo me siento incapaz de hacerlo, pero si tú me calzas mis pies, iré donde tú quieras.

No recuerdo ver a una persona, solo en una pequeña mesa, un par de zapatos nuevos hermosos y brillantes listos para ser usados.

Aquel día desperté asustada, llorando con aquella frase: «Señor, si tú me calzas, iré donde tú quieras que vaya».

Al pasar el tiempo en este trabajo, que hoy por la gracia de Dios realizo, me encuentro en situaciones y momentos difíciles, a veces en caminos inciertos y es allí cuando le vuelvo a decir: «Señor, ponme mis zapatos».

En Su Palabra, en Isaías 52:7 (NTV), nos dice:

«¡Qué hermosos son sobre los montes los pies del mensajero que trae buenas noticias, buenas noticias de paz y de salvación, las noticias de que el Dios de Israel reina!»

Así que, si tú también has sentido que eres impotente, incapaz, o quizá la senda de tu vida es tan dolorosa, que renuncias a luchar o hasta alcanzar tu victoria. Hoy te invito que, en lugar de desistir, puedas clamar del fondo de tu corazón: «Señor, viste mis pies con el preciso calzado que hoy necesito».

Soy amante de los zapatos, creo que compraría un par cada semana (aunque no lo hago); pero, así como un par de zapatillas, de tenis o de unas botas nos visten para cada ocasión o temporada, nuestro Dios, el diseñador perfecto de nuestra vida, dispone un par de calzado para cada lucha, reto, prueba y cada momento de gozo en tu vida. Y si Él calza tus pies, estarás lista aun para la danza.

Oremos

Calza mis pies con tu paz que proviene de la buena noticia, a fin de que esté completamente preparada. En este día quiero ser fuerte, quiero tener tu alegría; y si tú lo haces, me sentiré segura. No habrá montaña ni valle que no pueda cruzar, porque tú me preparas para la victoria. Amén.

MARIZEL
PÉREZ
Miembro destacado de
La Academia Escribe y Publica Tu Pasión
Participante del libro del libro
Diario de Oración Mujer Valiosa 2021
Diario de Oración
Mujer Valiosa
Respuesta Divina en tiempos de necesidad
Tu Pasión
Publicado por
EDITORIAL IMPERIAL
CROWNED BY SUCCESS
EditorialImperial.com

- ESCRIBE Y PUBLICA -
Tu Pasión
ACADEMY
CON REBECA SEGEBRE
Escribe palabras que impacten y transformen vidas.
www.EscribeyPublica.com
Comunidad - Inspiración - Desarrollo
COMUNIDAD

20

NUEVOS COMIENZOS

«El Señor le dijo a Abram: Deja tu tierra, tus parientes y la casa de tu padre, y vete a la tierra que te mostraré. Haré de ti una nación grande, y te bendeciré; haré famoso tu nombre, y serás una bendición.»
Génesis 12:1-2 (NVI)

¿Alguna vez te ha tocado dejar algo o todo para comenzar de cero?, ¿dejar un trabajo, una relación, empezar nuevamente con un negocio o iniciar tu vida en un nuevo lugar?

Hace cinco años me mudé a los Estados Unidos en busca de un futuro, lo cual implicó comenzar de nuevo, dejando atrás a mis padres, mi hermana, mi familia, la iglesia donde había crecido, la profesión de abogacía, el idioma y todo lo que había conocido en mis 25 años de vida. Dar este paso era un gran reto, implicaba adoptar un nuevo idioma (el cual en ese momento no dominaba), una nueva cultura, hacer nuevos amigos (siendo una persona introvertida, era algo que me costaba).

Recuerdo antes de salir de Cuba, una amiga me preguntó si estaba segura de mi decisión ya que este país era para dos y a una persona sola le era muy difícil salir adelante. La verdad no sabía a lo que me iba a enfrentar, pero estaba dispuesta y decidida, había orado por eso y era mi oportunidad, entendía el punto de vista de mi amiga, pero a pesar de las inseguridades que podía tener ante lo desconocido sentía paz en mi corazón y la convicción de que era el paso correcto; no había vuelta atrás.

Por lo general, los nuevos comienzos tienden a ser intimidantes, aun cuando eres una persona intrépida, arriesgada, no podemos negar que se hace presente la incertidumbre ante el qué pasará o cómo me irá.

Más valiente no es aquel libre de temores e inseguridades, sino aquel que a pesar de tenerlos decide seguir adelante, decide creer en lo que Dios le ha mostrado en su espíritu y no en lo que sus ojos ven, decide moverse por las promesas del Padre y no por los patrones sociales.

Hoy, cinco años después, puedo decir que ha valido la pena comenzar de nuevo, soy testigo de las bondades de Dios, me ha abierto las puertas a una nueva profesión que amo más que la anterior, me ha dado una nueva familia en la fe, amigos y amigas de todas partes del mundo, un nuevo idioma, una nueva cultura, una nueva tierra. Lo que en un inicio se veía como reducción se ha convertido en expansión; y en mis mayores debilidades, en mis temores más profundos, he podido experimentar la gracia y el favor de Dios.

Sin duda alguna, los nuevos comienzos requieren fe pues no conocemos a qué nos enfrentamos, mas por encima de ello confiamos en que vamos a estar bien. Dios conoce muy bien los planes que tiene para sus hijos, y ha dicho que estos son de bienestar y no de calamidad. En Él está nuestra confianza y seguridad.

De cierta forma, mi amiga tenía razón, entre dos es mejor, por lo que te confieso que no lo he logrado sola, todo ha sido de la mano del Padre, quien es el que me ha dado la fortaleza, el que ha abierto las puertas, traído las oportunidades, realizado conexiones divinas en formas inimaginables y extraordinarias.

Amiga, no sé cuáles sean los desafíos que hoy tienes frente a ti, en qué área de tu vida necesitas reinventarte, o los terrenos que Dios te está enviando a conquistar. Solo te puedo alentar a apreciar los nuevos comienzos, velos como tu aliado, como una oportunidad para mejorar, crecer y expandirte. En ocasiones, Dios necesita movernos de nuestra zona de confort, apartarnos de todo lo conocido para sacar de nosotros algo grande y acercarnos más a nuestro propósito. Así como Abraham, haz que tu fe sea más grande que cualquier temor, vence las inseguridades poniendo la fe por delante y ten la seguridad que a donde Dios te envíe te respaldara, bendecirá y te usará como canal de bendición en la vida de otros. ¡Aprovecha tu oportunidad!

Oremos

Padre, gracias porque en ti podemos permanecer confiados y seguros ante cualquier reto que tengamos en la vida. Tú nos das las fuerzas para avanzar en terrenos desconocidos y nos respaldas para hacer tu voluntad. Hoy pongo mis temores e inseguridades a un lado y me determino a caminar con fe; creo en tus promesas, creo en lo que me has mostrado; no importa cuán incierto parezca el futuro, en ti confío, sé que no me abandonarás ni me desampararás, y tu bendición, gracia y favor me seguirán a donde quiera que vaya.

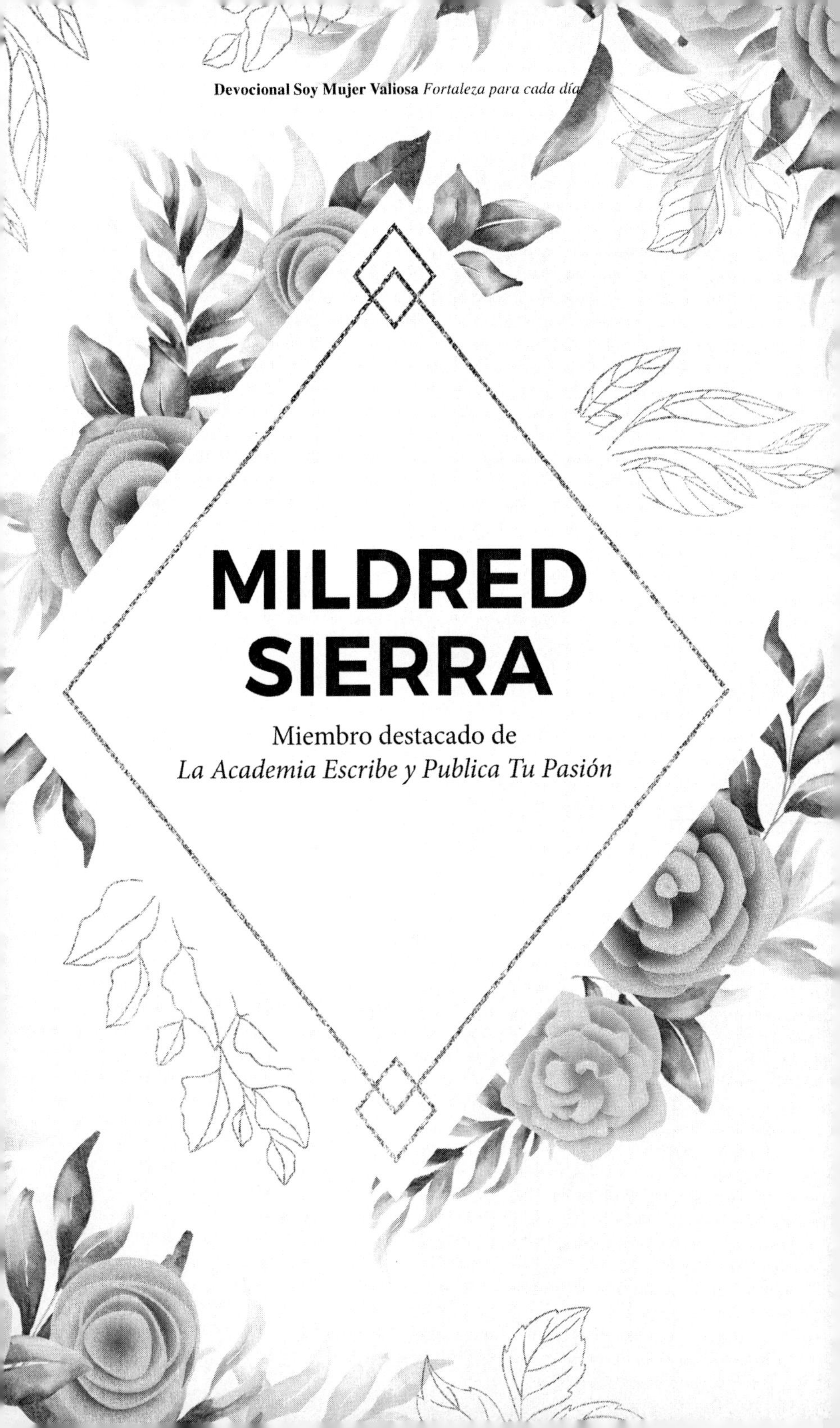

MILDRED SIERRA

Miembro destacado de
La Academia Escribe y Publica Tu Pasión

- ESCRIBE Y PUBLICA -
Tu Pasión
ACADEMY
CON REBECA SEGEBRE
Escribe palabras que impacten y transformen vidas.
www.EscribeyPublica.com
Comunidad - Inspiración - Desarrollo
COMUNIDAD

21

FE QUE LOGRA EL MILAGRO

«Y he aquí una mujer cananea que había salido de aquella región clamaba, diciéndole: Señor, hijo de David, ¡ten misericordia de mí! Mi hija es gravemente atormentada por un demonio.»
Mateo 15:22

¡Cómo nos conmueve ver a una mujer en desesperación por los suyos, aun sin fuerzas, pero con la esperanza de que mientras respire y camine algo va a cambiar! Este es el carácter de la mujer cananea, aunque para los cananeos no había esperanza, ni promesas en Jesús. Efesios 2:12 lo dice así: «En aquel tiempo estabais sin Cristo, alejándose de la ciudadanía de Israel y ajenos a los pactos de la promesa, sin esperanza y sin Dios en el mundo». Ella estaba en una ansiedad profunda, la soledad, lo que veía no era lo que quería ver en su hija, mas su corazón conmovido le dio fuerzas y esperanza para moverse.

Es la fe que nos impulsa a creer y movernos para tener la esperanza accionada. A veces en nuestra pobreza espiritual no podemos ver la abundancia servida en la mesa; aunque pienses que no eres merecedora de tener en Dios, Él te dice que la mesa está servida y hay abundancia para ti y los tuyos.

Cuando vas a Su presencia con el corazón dolido en agonía, con una oración sencilla, ten por seguro que abrirás las puertas de bendición a tu favor. Cuando Dios ve en nuestro caminar que solo en el hay paz, bondad, misericordia y puede oler tu confianza, no se hará sordo ni de vista larga, algo sucederá en ese clamor.

A veces encontramos obstáculos en nuestro camino, así como en la historia de la mujer cananea, los discípulos decían: «Despáchala», no entendían el clamor de una madre angustiada con la esperanza solo en Jesús. A lo mejor muchos verán que pierdes el tiempo, que no se conmueve ante tu clamor o situación. Jesús, aunque de primera intención no te hable, no te deje ver, aunque su silencio te desconcierte, Él está mirando en quien sigues confiando.

Nuestra fe siempre es probada, Él quiere escudriñar nuestro corazón. Es su perfección la que nos abraza por siempre. Dios no puede ser injusto, aun en la salvación de un alma. «Oh, mujer, grande es tu fe» (Mateo 15:28), esa es la contestación que necesitamos escuchar del Hacedor de maravilla. Que nuestro corazón conmueva a nuestro Señor Jesús por nuestra sinceridad y entrega completa. Esa es la gracia que, aunque no merecemos, fluye y llena todo lo que necesitamos. Dios nunca desprecia a un corazón quebrantado y contrito: solo necesita la sinceridad de tu corazón, una entrega completa a su dependencia, esa es la gracia que tenemos en Jesús.

Cuando hay fe obtienes éxito (Mateo 15:28). Tu fe será probada, pero será recompensada. Aunque tarde, Él no miente Su palabra nunca pasará, cumplirá lo que te prometió. Tienes la esperanza más certera de tu vida: la fe, si tan solo crees y confías de todo corazón. ¡Algo cambiará en tu vida y la de los tuyos!

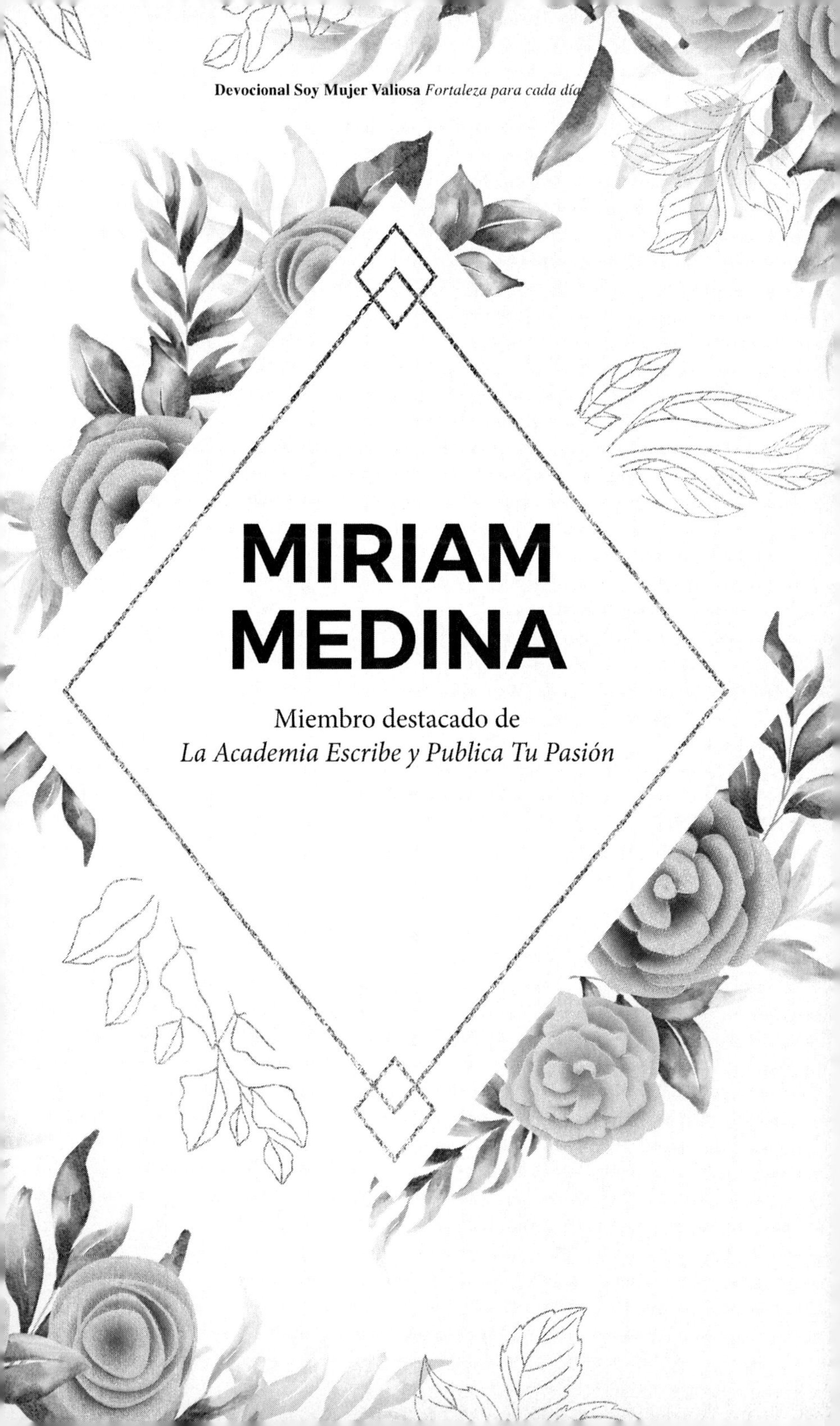

MIRIAM MEDINA

Miembro destacado de
La Academia Escribe y Publica Tu Pasión

22

VIRTUDES DE LA MUJER VALIOSA

«[Mujer] Que el adorno de ustedes no consista en cosas externas,
como peinados exagerados, joyas de oro o vestidos lujosos,
sino en lo íntimo del corazón,
en la belleza incorruptible de un espíritu suave y tranquilo.
Esta belleza vale mucho delante de Dios.»
1 Pedro 3:3-4 (DHH)

Hoy en día hay un mal concepto acerca del valor de la mujer. Es importante que entiendas el verdadero concepto de este valor conforme a la Palabra de Dios. El valor de la mujer no consiste en su belleza exterior, sino consiste en la belleza interior que sale de tu corazón como un olor fragante de tu esencia como mujer. Tu valor no consiste en lo que posees o lo que tienes, sino en aquellas virtudes que destacan lo mejor de ti, aquellas cualidades y características que posees y que fluye desde tu interior para enfrentar tu vida con valentía. Ese es tu verdadera valía.

«Mujer virtuosa, ¿quién la hallará? Porque su estima sobrepasa largamente a la de las piedras preciosas.» Proverbios 31:10

Una mujer virtuosa es aquella que se levanta día a día poniendo su confianza en el Ser Supremo, caminando en fe todo el tiempo; es aquella que vive de acuerdo con los principios de Dios y conforme a Su voluntad. ¡Cuando una mujer dedica su vida al servicio de Dios, ella se convierte en una bendición, es alguien que marca la diferencia en la vida de su familia y en la de los demás! ¿Eres esa mujer de valor que ama a Dios sobre todas las cosas y se distingue entre todas por su deseo de agradarle?

En mi caminar con Cristo hubo procesos en mi vida muy difíciles que no podía entender la razón; pero pude entender y conocer cómo Dios estaba transformándome en la mujer que soy ahora. Si por alguna razón estás pasando por problemas, no temas porque Dios te está moldeando para transformarte en la mujer valiosa que Dios quiere que seas.

Cuando nos rendimos a Él en obediencia encontramos cualidades y características que muestran nuestro valor. Caminar con dignidad nos lleva a conocer nuestras capacidades y virtudes.

Características de una mujer valiosa

- **Ejemplar:** Es una mujer conocida por sus buenas obras y su buen corazón. Con su ejemplo da testimonio de lealtad y fidelidad. La mujer ejemplar es la corona de su esposo (Proverbios 12:14).

- **Confiable:** Es una mujer digna de confianza y respeto; da seguridad a quienes la rodean. Su esposo puede estar tranquilo y confiado porque sabe que en el corazón de ella hay bien (Proverbios 31:11-12).

- **Bondadosa:** Es una mujer compasiva que está atenta a los que tienen necesidad y comparte sus bendiciones con ellos; tiene un corazón generoso y se deleita en ayudar a los demás. Tiende la mano al pobre y con ella sostiene al necesitado (Proverbios 31:20).

- **Sabia:** Es una mujer que actúa con prudencia y diligencia, construye su hogar en base al amor de Dios, poniendo su confianza en Él. No destruye a su propia familia, sino que edifica su casa (Proverbios 14:1).

- **Temerosa de Dios:** Es una mujer que vive a voluntad y mandatos de Dios amando y respetando sus designios (Proverbios 31:30).

Como mujeres valiosas debemos tener una cosmovisión desde una perspectiva positiva y constructiva. Recuerda tu valor, ya está en ti, es incomparable e incalculable. ¡Las circunstancias de tu vida no definen quién eres, sino el valor con el cual tú te enfrentas a ellas! Ser una mujer valiosa es agregar valor a tu vida a través de tus acciones y pensamientos; es entregarlo todo sin esperar nada a cambio. En tu diario vivir tu valentía y constancia van dejando huella en la vida de los demás. Mujer, el amor que brindas es incondicional; ¡solamente una mujer de valor encuentra su propia identidad en Cristo Jesús!

ONEIDA
ARNAU
Autora del libro Durmiendo con tu enemigo
Líder en la Comunidad Mujer Valiosa
Miembro destacado de La Academia Escribe y Publica Tu Pasión
ONEIDA ARNAU
Durmiendo con tu Enemigo
DESCUBRE LA FUENTE
QUE SUSTENTA TU MATRIMONIO
Publicado por Editorial Güipil
EditorialGuipil.com

- ESCRIBE Y PUBLICA -
Tu Pasión
ACADEMY
CON REBECA SEGEBRE
Escribe palabras que impacten y transformen vidas.
www.EscribeyPublica.com
Comunidad - Inspiración - Desarrollo

23
BAJO UN LLANTO DE DESESPERACIÓN

«La salvación de los justos proviene del Señor;
él es su fortaleza en tiempos de angustia.»
Salmos 37:39

¿Alguna vez has estado en un proceso tan difícil de tu vida, que lo único que sale de tu interior es un llanto de desesperación? ¿Alguna vez te has sentido como un barco que va a la deriva? Quizá ahora mismo te sientes de esta manera. Las situaciones que has tenido que enfrentar en estos días han drenado todas tus fuerzas y sientes que no puedes más. Te sientes impotente, desesperada y llena de preguntas sin respuesta.

¡Te entiendo perfectamente bien! Mientras voy escribiendo, viene a mi mente ese momento justo cuando mi esposo confesó tener una aventura con mi amiga. Sentí que el mundo se derrumbaba en un segundo. Me sentí tan incapaz, llena de angustia y desaliento.

Recuerdo que, en ese proceso tan doloroso, yo perdí la esperanza en mi matrimonio. No sabía qué hacer y cómo responder ante tal traición. Fue un tiempo amargo y lleno de mucho dolor. Es en ese momento que Dios vino y lo transformó todo. De igual manera, ese llanto de desesperación es una puerta abierta para que Dios venga a transformar tu crisis en un testimonio de vida.

La Biblia nos enseña que no hay nada imposible para Dios (Marcos 10:27). Jesús, aclarando la duda de los discípulos, les dijo mientras los miraba fijamente: «Para los hombres es imposible, pero no para Dios; de hecho, para Dios todo es posible».

La Palabra nos relata la historia de una mujer que estaba pasando por el momento más oscuro de su vida. Una mujer que lo había perdido todo: su esposo (pues Lucas la presenta como la viuda de Naín) e iba de camino a enterrar a su único hijo. Que muera tu esposo y luego tu hijo es razón suficiente para sentir que tu mundo se derrumba. Pero esta mujer también perdía en ese momento su posición social y económica. En el Antiguo Testamento, si el esposo moría antes de su vejez era señal de juicio de Dios por algún pecado. Así que, de alguna forma, las personas pensaban que Dios estaba castigando a esta mujer.

Muchas veces podemos sentirnos de esa manera: que Dios nos está castigando por algo que hemos hecho mal y por esto estamos viviendo este momento difícil. Pero miremos lo que Jesús hizo al ver lo que estaba pasando en la vida de esta mujer. Lucas 7:13-14 dice: «Cuando el Señor la vio, su corazón rebosó de compasión. "No llores", le dijo.»

Es como si el Señor le dijera a la viuda de Naín: «Mujer, tranquila, ya estoy aquí». Jesús se compadeció del dolor de aquella mujer. Él no quería verla sufrir. No era un castigo que venía de Su parte. Era una oportunidad para que Él se glorificara en su vida, y cerrar la boca de aquellos que podían estar juzgándola.

Dice la historia que en aquel momento Jesús habló al cuerpo de su hijo muerto y él revivió.

Cuando Jesús llega, todo se transforma. Él restauró todo en la vida de la viuda: su posición económica, social y espiritual. Hoy, Dios quiere hablar a tu vida y decirte: «Mujer, cobra ánimo, porque yo he venido a traer vida a esos huesos secos. Yo he venido a cambiar la crisis en tu vida. Yo he venido a restaurar todas las cosas. Cree en mí, que no te desampararé ni te dejaré. Entrégame tus problemas y yo te haré descansar».

Vamos, oremos juntas en esta hora. Abre tu corazón en oración y permite que el Señor fortalezca tu espíritu.

Oremos

Señor amado, te doy gracias, porque, así como hiciste con la viuda de Naín, así haces conmigo hoy. Hoy, tú transformas mi situación en un cántico de victoria. Te doy gracias porque hoy recibo nuevas fuerzas y declaro que tú eres mi fortaleza en tiempos de angustia. Te pido que dirijas mis pasos a puerto seguro y que en ti pueda descansar. En el nombre de Jesús, amén.

Luego de hacer esta oración, te invito a utilizar este espacio para hacer una declaración de fe y darle gracias a Dios por lo que ya ha hecho en tu vida.

PATRICIA RUIZ

Miembro destacado de
La Academia Escribe y Publica Tu Pasión

- ESCRIBE Y PUBLICA -
Tu Pasión
ACADEMY
CON REBECA SEGEBRE
Escribe palabras que impacten y transformen vidas.
www.EscribeyPublica.com
Comunidad - Inspiración - Desarrollo
COMUNIDAD

CONFIADA EN LAS PROMESAS DE DIOS

«Y volvió a abrir Isaac los pozos de agua que habían abierto en los días de Abraham su padre, y que los filisteos habían cegado después de la muerte de Abraham; y los llamó por los nombres que su padre los había llamado. Pero cuando los siervos de Isaac cavaron en el valle, y hallaron allí un pozo de aguas vivas, los pastores de Gerar riñeron con los pastores de Isaac, diciendo: El agua es nuestra. Por eso llamó el nombre del pozo Esek, porque habían altercado con él. Y abrieron otro pozo, y también riñeron sobre él; y llamó su nombre Sitna. Y se apartó de allí, y abrió otro pozo, y no riñeron sobre él; y llamó su nombre Rehobot, y dijo: Porque ahora Jehová nos ha prosperado, y fructificaremos en la tierra.» Génesis 26:18-20

Esta historia de Isaac marcó mi corazón; la leí en un día que estaba muy desanimada, parecía que nada de lo que hacía daba buenos resultados, me sentía sin ganas de seguir buscando esa puerta que tanto necesitaba que Dios me abra. En esa mañana llena de frustraciones, Dios me habló claramente a través de esta historia de Isaac y el pozo con el que Dios lo bendijo.

A Isaac lo habían echado de donde vivía y no tuvo otra opción que salir en búsqueda de pozos de agua, los cuales prácticamente le correspondían. Él no se quedó lamentando la situación, no desistió, siguió buscando y finalmente encontró uno donde Dios dice lo hizo próspero grandemente.

En estos versículos, Issac nos enseña a movernos, a seguir buscando lo que queremos a pesar de los contratiempos y no quedarnos estancados cuando las puertas se cierran.

Muchas veces pasamos por momentos en donde la vida se pone dura, más dura de lo que esperamos y podemos imaginar; vivimos injusticias, en algunas ocasiones perdemos lo que creemos que nos pertenece, a veces las cosas no salen como planeamos o no funciona nada de lo que intentamos; pero tenemos que ser como Isaac, seguir buscando, vivir confiadas en las promesas de Dios.

Dios renovó mis fuerzas a través de este pasaje bíblico, me inspiró a seguir intentando, y espero que te anime a ti también.

No siempre el pozo o la puerta esta donde esperamos, pero Dios nos guía hasta el lugar correcto. Pídele al Señor que te guíe y sigue buscando que pronto encontraras tu reposo.

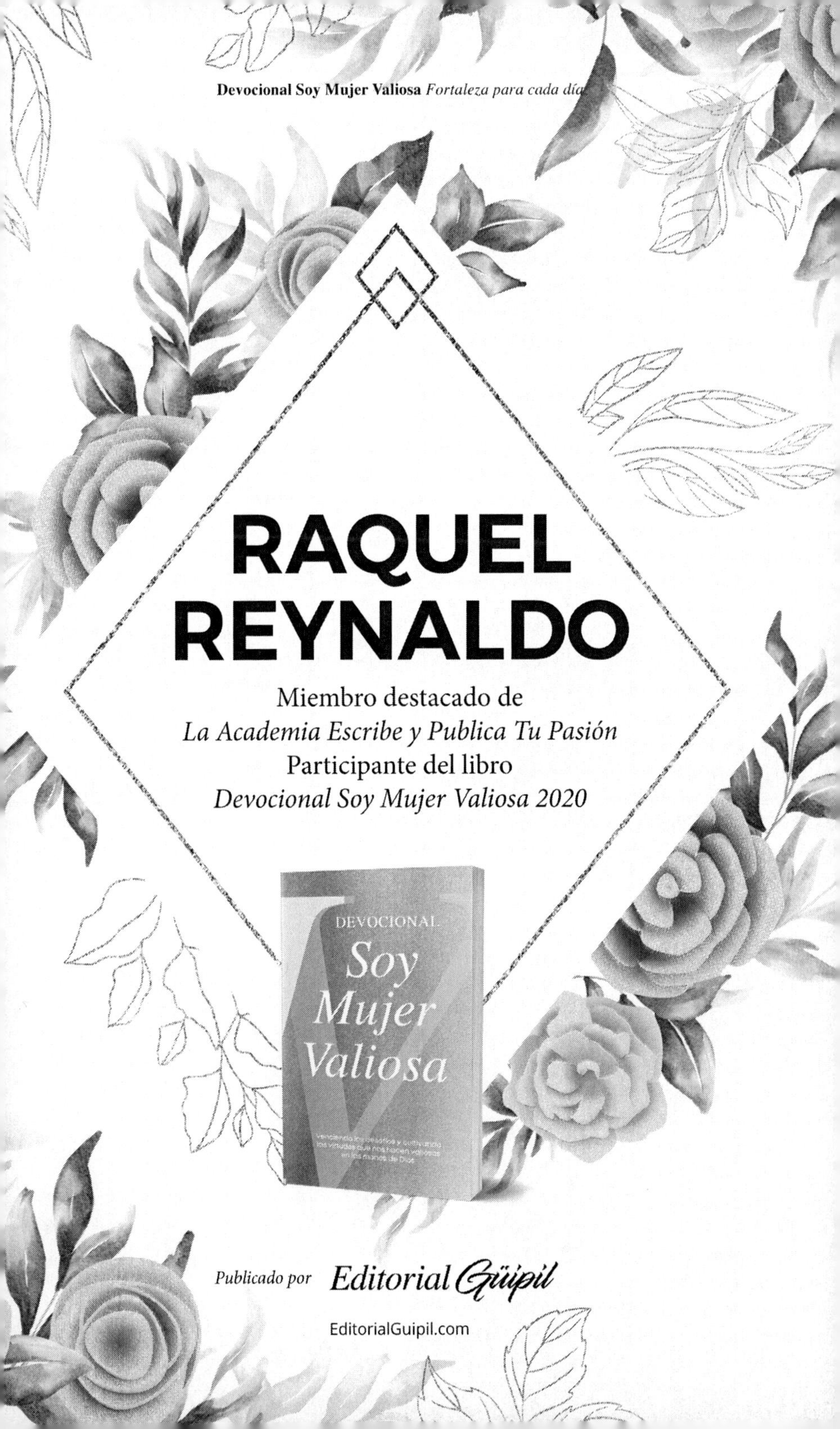
Devocional Soy Mujer Valiosa Fortaleza para cada día
RAQUEL
REYNALDO
Miembro destacado de
La Academia Escribe y Publica Tu Pasión
Participante del libro
Devocional Soy Mujer Valiosa 2020
DEVOCIONAL
Soy
Mujer
Valiosa
Publicado por Editorial Güipil
EditorialGuipil.com

- ESCRIBE Y PUBLICA -
Tu Pasión
ACADEMY
CON REBECA SEGEBRE
Escribe palabras que impacten y transformen vidas.
www.EscribeyPublica.com
Comunidad - Inspiración - Desarrollo
COMUNIDAD

25

CUANDO LAS FUERZAS TE FALLAN, ¿QUÉ HACER?

«Pero el Señor estuvo a mi lado, y me dio fuerzas...»
2 Timoteo 4:17

El vacío que produce la partida de alguien importante en nuestra vida es desgarrador, nos deja sin fuerzas y no hay palabras que consuelen en ese momento. ¿Qué hacer?

- Depositar nuestra fe y confianza en Dios, apropiándonos de Sus promesas diariamente; ellas fortalecen nuestros corazones.

- Confiar en Dios. «Jehová, roca mía y castillo mío, y mi libertador; Dios mío, fortaleza mía, en él confiaré; mi escudo, y la fuerza de mi salvación, mi alto refugio» (Salmos 18:2). Cada promesa de Dios será cumplida; el motivo de su corazón continúa siendo el mismo a través del tiempo y la eternidad, Él no cambia y nuestra desconfianza le hiere profundamente. Dios siempre nos da la fuerza para enfrentar todo lo que venga, pero esta fortaleza siempre se hará vigente en nuestra vida en la medida que caminemos en fe.

En el año 2006, tuve la oportunidad estar con mis padres en Miami en enero y febrero. Cuando llegó el momento de despedirnos en el aeropuerto, mientras me alejaba, verlos llorar rasgó mi corazón; seguí adelante con lágrimas sobre mis mejillas, lejos estaba de imaginarme que esa sería la última vez que vería a mi madre.

Mayo, una semana antes del Día de la Madre, tuve un sueño aterrador, para mí fue una revelación de Dios. Vi a mi madre muy mal, su rostro estaba tan delgado y hundido que era irreconocible. No había celular y solo estaba pendiente a que me llamaran para hablar con ellos, pues estaba segura que este no era un sueño cualquiera. ¡Obvio! Dios me estaba preparando. Preocupada al no recibir llamada alguna, empecé a tener inquietud, la angustia invadía mi corazón, sabía que algo andaba mal; pero un versículo de la Palabra que me ha acompañado siempre sonaba en mi mente: «En el día que temo, yo en ti confío» (Salmos 56:3), y le pedí al Señor fuerzas.

Hasta que una llamada a los dos días estremeció mi corazón. Mi madre tenía problemas en la vesícula e iba a ser intervenida quirúrgicamente. Ahí comenzó el triste camino de una metástasis en el hígado y duró siete meses.

No pude estar con ella, pues me negaron la visa. Estando en el hospital con mi papá, hermanos, familia, pastores, hermanos en la fe y amigos, miraba a sus hijos, pero faltaba una, fue ahí donde mi hermano me llamó y me dijo:

—Voy a poner el altavoz para que le hables a mamá. ¿Sabes?, ella te va escuchar, pero no puede hablar; necesita escuchar tu voz y no puedes llorar, solo háblale.

Sentí un frío en mi estómago, pero en mi mente reflejaba esta palabra de Pablo en un cuadrito colgado en la sala de mi casa: «Pero el Señor estuvo a mi lado y me dio fuerza». Una fortaleza sobrenatural vino del cielo, respiré hondo y pude hablar a mi mamá, con lágrimas rodando en mis mejillas, pero con mucha serenidad, y entregarla en los brazos del Señor. No fue fácil hablar sin poder escuchar su voz, mas el Señor estuvo a mi lado.

Muchas veces leí ese texto, pero no fue hasta ese momento que vino a ser una realidad en mi vida: sentí la fortaleza del Señor. Luego, mi hermano puso su canción preferida: *Levanto mis manos.* Ellos levantaron sus brazos y después de haber entonado esa canción, mi madre entró al hogar eterno.

Amiga, ¿cómo está tu corazón?, ¿sientes que las fuerzas te fallan al punto de desmayar? Hay fortaleza para cada día. Mira a los ojos de Dios y ve Su amor por ti.

Oremos

¡Dios! Gracias por amarnos. Mira mi corazón, te pido que me fortalezcas, que pueda percibir que Tú estás ahí para levantarme, porque Tú das fuerzas al cansado y las multiplicas al que no tiene ninguna. Que nunca pierda la confianza en ti y tus promesas. ¡Por Cristo Jesús! Amén.

SANDRA ZUNIGA

Miembro destacado de
La Academia Escribe y Publica Tu Pasión

- ESCRIBE Y PUBLICA -
Tu Pasión
ACADEMY
CON REBECA SEGEBRE
Escribe palabras que impacten y transformen vidas.
www.EscribeyPublica.com
Comunidad - Inspiración - Desarrollo
COMUNIDAD

26

ALÉGRATE, MADRE, QUE EL SEÑOR ESCUCHA TU ORACIÓN

«Alégrense siempre en el Señor. Insisto: ¡Alégrense! Que su amabilidad sea evidente a todos. El Señor está cerca. No se inquieten por nada; más bien, en toda ocasión, con oración y ruego, presenten sus peticiones a Dios y denle gracias. Y la paz de Dios, que sobrepasa todo entendimiento, cuidará sus corazones y sus pensamientos en Cristo Jesús.»
Filipenses 4:4-7 (NVI)

El Señor observa tu día, alégrate porque con bondad miró tu vida. Él ha escuchado tu oración, alégrate. El Señor tuvo compasión de ti, con gran amor te entrega hoy la paz a tu corazón.

Tú, mujer, que fuiste víctima de ese hombre que después de engendrar tu vientre te abandonó y te dejó sola, hoy estás luchando por dales una mejor vida a tus hijos, agotada trabajas grandes jornadas para sostener a tu familia. Desde muy temprano sales de tu casa dejando a tus hijos con sus caritas tristes y con sus manitas diciéndote adiós; y tú, que sabes que tal vez no los verás en todo el día, con el corazón afligido los dejas.

Madre, no te aflijas más. Ya no estás sola. Mientras en tu alcoba orabas suplicando y rogando y desesperada expresabas cada una de tus necesidades, Dios observaba la angustia que hay en tu corazón.

Tu día será mucho mejor, confía en Él; por difícil que parezca tu vida, Dios nunca te abandonó. Se irán solucionado cada una de las necesidades y preocupaciones que tengas, Él estaré a tu lado para cuidar de ti y tus hijos; podrás ver la alegría que en sus pequeños rostros se reflejan.

A ti que eres madre, te invito a buscar al Señor. Tú que vas por la vida cargando con tantas angustias y preocupaciones en cualquier lugar, empieza una conversación con el Señor. Nunca es tarde, empieza hoy; de lo más profundo de tu corazón exprésale tus preocupaciones que te causan dolor. Después de esa oración, da gracias al Señor. Confía que Él escuchó tu oración. Te darás cuenta de lo grande y hermoso que es su amor; y juntas le daremos gracias por escuchar nuestras oraciones.

YANET SOSA

Miembro destacado de
La Academia Escribe y Publica Tu Pasión

- ESCRIBE Y PUBLICA -
Tu Pasión
ACADEMY
CON REBECA SEGEBRE
Escribe palabras que impacten y transformen vidas.
www.EscribeyPublica.com
Comunidad - Inspiración - Desarrollo
COMUNIDAD

27

¡ABRE TU CORAZÓN AL AMOR Y EXPANDE TUS ALAS A LA VIDA!

"Tu mujer será como vid que lleva fruto a los lados de tu casa;
Tus hijos como plantas de olivo alrededor de tu mesa."
Salmos 128: 3 (RVR1960)

Amiga, donde sea que Dios te haya plantado, ¡Florecerás!

En Génesis 39:3 vemos que Dios es el que nos prospera: "Y vio su amo que Jehová estaba con él, y que todo lo que él hacía, Jehová lo hacía prosperar en su mano." (RVR1960)

A veces nos llenamos de miedo, de incertidumbre y pensamos ¿Que será de mi vida, Padre mío? Entonces Dios contesta a nuestro corazón: Cree en mi solamente.

Con mi fe, con Su amor, tomé mi carga y la sentí menos pesada, más liviana y me sentí contenta de retomar el camino con mis fuerzas y seguir adelante.

Me dije: ¡Adelante guerrera, tú puedes!

Me puse de pie y recité: "Solo tú señor me haces vivir confiada. Porque tú me haces fuerte e invencible"

Por momentos se me van las fuerzas y hay instantes en que veo perturbada mi paz e inalcanzables mis sueños. Entonces clamo:" El señor es mi pastor, nada me faltará."

Recuerdo el salmo 55: 22 "Echa sobre Jehová tu carga, y él te sustentará; No dejará para siempre caído al justo."

En mis noches de insomnio, de tristeza, de inseguridad y desamor voy a Dios por fortaleza. Soy una mujer con ganas de vivir, pero en muchas ocasiones he sido golpeada por el desamor y la indiferencia; la crueldad y la incomprensión; el miedo y la inseguridad. Pero que alegría cuando encontré Filipenses 4:6: "Por nada estéis afanosos, sino sean conocidas vuestras peticiones delante de Dios en toda oración y ruego, con acción de gracias."

¡Cuando ponemos nuestros problemas en las manos de Dios, Él pone su paz en nuestros corazones!

Esta soy yo: Mujer, hija. esposa y madre.

Y he recorrido con todos estos roles muchas experiencias y sé que, sin importar la edad, a veces igual que yo, tú te sientes una niña grande. Eres una verdadera mujer, pero también traes contigo a esa niña: Que eres sencillez. Que te gusta cantar, bailar, reír, comer pasteles y chocolates. Pero recordé de nuevo este proverbio: "La casa y las riquezas son herencia de los padres; Mas de Jehová la mujer prudente." Proverbios 19:14(RVR1960)

Entonces me miré al espejo y abrí mi corazón al amor y expandí mis alas a la vida. Si, al amor a Dios y a todo lo que me rodea y comencé a volar para alcanzar mis sueños y mis metas.

Me empoderé con Su poder y retomé mis sueños, me levanté con deseo por alcanzar mis metas y me convertí en una mujer Divina, por el aliento del Espíritu Santo que vive y mora en mí.

Amiga recuerda lo que dice proverbios 15:13: "El corazón alegre hermosea el rostro; Mas por el dolor del corazón el espíritu se abate." Así que, "Se feliz y serás hermosa"

Oración:

Señor, tu palabra dice que tu estas cerca a los que llegan a ti con sinceridad, hoy te abro mi corazón y te pido que me concedas la fortaleza para vivir las circunstancias de la vida. Oro de acuerdo con el salmo 145: 17 sabiendo que tú eres justo en tus caminos y bondadoso en tus acciones" En ti espera mi alma. Amén.

Devocional Soy Mujer Valiosa Fortaleza para cada día
YARELI
VELÁZQUEZ ROQUE
Autora del libro Reflexiones del corazón
REFLEXIONES
DEL
Corazón
PARA CADA DÍA DEL AÑO
Pastora
YARELI VELÁZQUEZ ROQUE
Publicado por
EDITORIAL
IMPERIAL
CROWNED BY SUCCESS
EditorialImperial.com

- ESCRIBE Y PUBLICA -
Tu Pasión
ACADEMY
CON REBECA SEGEBRE
Escribe palabras que impacten y transformen vidas.
www.EscribeyPublica.com
Comunidad - Inspiración - Desarrollo
COMUNIDAD

28

NO TEMERÉ PORQUE SÉ QUE ESTARÁS CONMIGO

Nunca sabrás lo aferrada que estás a la vida, hasta que te toca estar parada frente a la muerte. Con este pensamiento quiero compartirte una experiencia que marcó mi vida para siempre. Recuerdo cómo un 10 de diciembre de 2015, me enfrentaba a un cuadro clínico inesperado. En una visita rutinaria para ver cómo seguía mi embarazo, la obstetra me indicó que debía tener una cesárea de emergencia, ya que mi vida y la de mi hija estaban en peligro. Me llevaron a sala de intensivo a vivir un momento para el cual no estaba preparada, y del cual no tenía referencia alguna.

Tenía que pensar rápido y no podía dejar que mis emociones me ganaran, tenía que enfrentar mis miedos sola, ya que nadie podía estar conmigo en ese cuarto frío y rodeado de máquinas. La vida de un milagro por llegar estaba en mis manos, y no en manos de Dios. Te preguntarás por qué digo que no estaba en manos de Dios: Simple, porque Él ya lo había puesto en mis manos, como también Dios había puesto en manos de la madre de Moisés la vida de su hijo en un tiempo de sentencia y desolación (Éxodo 2:2-3). Dios volvió posible lo imposible, y luego lo puso en mis manos. Era mi entera responsabilidad responder con valentía ante esta prueba. Me enfrenté una y otra vez a la pregunta: «¿Cómo se gana una batalla así?», mientras que mi mente me jugaba en contra, saboteando cruelmente mis emociones, culpándome por no ser capaz de traer a mi hija al mundo de forma natural, cuando la única copa para beber disponible era el parto por cesárea. En ese camino de sombras y en ese valle de muerte recordé la promesa de Dios para mí, leída tantas veces y aprendida de memoria desde mi niñez:

«No temeré porque sé que estarás conmigo.» Salmos 23:4

Algo aprendido de tanto tiempo, increíblemente se convirtió en el arma más poderosa para aferrarme a la vida y las promesas de Dios.

Una vez que recité la palabra, la creí —porque es importante que recuerdes que el poder de la Palabra de Dios no está en recitarla, es creer lo que recitas y aferrarte a que es verdadera y se hace real en ti—; y creerla catapultó a mi memoria la promesa más importante para enfrentar este gigante, lo que Dios me había dicho cuando aún no estaba embarazada: «Te dice el Señor: "Yo quito tu esterilidad y tendrás el milagro que anhela tu corazón, no será fácil el proceso, será duro y dificultoso y llorarás; pero no temas porque ciertamente la tendrás y nada lo impedirá"».

Al otro día a las 9:56 de la mañana, escuché la más hermosa melodía disfrazada de llanto: mi hija había llegado. Cuando recordé esto, me aferré a la vida en el mismísimo valle de muerte. Fue entonces que decidí vivir, aunque el pronóstico para mí y para mi hija nos aceleraba al final. Me aferré a la esperanza, cuando nadie a mi alrededor cantaba el cántico de victoria. Me aferré a la promesa, cuando ni siquiera la estaba abrazando aún.

Cuando te aferras a algo significa que lo que estás haciendo es *agarrarte con fuerza de algo*. Y justo eso hice cuando mi fe me convirtió en una valiente guerrera, para luchar por mi vida y la de mi hija, me volví capaz, porque recordé de dónde venían mis fuerzas. Vencí, porque me enfrenté a mi más dura pesadilla y la convertí en el mejor sueño de todos.

«Dios es quien me infunde fuerzas;
Dios es quien endereza mi camino. » 2 Samuel 22:33

Oremos

Señor Jesús, ayúdanos a comprender que nada podrá evitar, ni siquiera tú, que los valles de temor y oscuridad lleguen a nuestra vida con despropósito, sino que son ellos el vehículo donde nos aferraremos con fuerza y fe a lo que tú dijiste. Depositamos hoy toda nuestra confianza en ti, porque creemos de todo corazón que todo este tiempo de incertidumbre anuncia que está cerca un día radiante y lleno de luz para nosotras y nuestra generación. En tu poderoso nombre oramos y creemos. ¡Amén!

JULISSA
IMBERT
Autora del libro *Su vida en mí*
Líder en la *Comunidad Mujer Valiosa*
Miembro destacado de *La Academia Escribe y Publica Tu Pasión*
Su Vida en Mí
VIVIENDO BAJO SU GRACIA
JULISSA IMBERT
Publicado por Editorial Güipil
EditorialGuipil.com

- ESCRIBE Y PUBLICA -
Tu Pasión
ACADEMY
CON REBECA SEGEBRE
Escribe palabras que impacten y transformen vidas.
www.EscribeyPublica.com
Comunidad - Inspiración - Desarrollo
COMUNIDAD

29

FUERTE EN ESPÍRITU

La palabra en 3 Juan 1:2 dice: «Amado, yo deseo que tú seas prosperado en todas las cosas, y que tengas salud, así como prospera tu alma». En otra versión de la Biblia se traduce así: «Que estés tan saludable en cuerpo, así como eres fuerte en espíritu».

La realidad espiritual es algo que conforma y es parte de cada vida; no es algo ajeno a nosotros y es necesario entenderlo bajo el conocimiento que Dios nos da a través de la persona del Espíritu Santo, de quien necesitamos depender. Es importante entender que la Palabra se hace viva en el momento que es revelada a nosotros por medio de Él. La Palabra de Dios es el pan de vida, pero necesitamos al Espíritu Santo, quien es la voz de esa palabra. La Palabra y la revelación nos ayuda a discernir las cosas del espíritu y así entender el corazón del Padre e ir descubriendo el plan de Dios que va más allá de nuestro entendimiento.

La Biblia es muy amplia y extensa en todo el conocimiento del perfecto plan de Dios y también de revelar el corazón de Dios; pero más que conocer todos los detalles, necesitamos conocer al que nos revela lo que necesitamos conocer, aquel que es parte de nuestra vida en cada respiro. Esto fue posible a través de Jesús que nos dio al Espíritu Santo, quien nos lleva a lo profundo del corazón de Dios, a una relación y comunión con el Padre. No es suficiente creer en Dios, sino que es necesario conocerlo.

El pueblo de Israel, a pesar de creer y ver la esperanza de un Dios Salvador, todavía no podía ver la grandeza de Dios en ellos. Ellos salieron de Egipto con la intervención de Dios, a través de Moisés, pero el faraón no desistió por lo que decidió perseguirlos en compañía de su ejército. Llego un momento en donde el pueblo hebreo se vio casi acorralado; cuando se dieron cuenta que eran perseguidos y se encontraban frente al mar, en un lugar donde no parecía haber camino, sin salida alguna, esta fue la oportunidad perfecta de ellos presenciar cómo Dios los libró de la muerte. Él mostró su poder una vez más dándole instrucciones específicas a Moisés de levantar su vara en dirección al mar y así hizo que se divida, abriendo camino y dando paso a que todo el pueblo pudiera avanzar.

No solo Dios abrió camino para que su pueblo pudiera escapar, sino que también hizo que las aguas tomaran su curso y el mar volviera a cerrarse, ahogando al faraón y su ejército.

Al profundizar en todo lo que encierra el Éxodo, Dios me llevó a entender cómo todo esto está relacionado con nuestras vidas, el cómo Su Palabra y las historias vividas en la Biblia —nuestro manual de vida— se aplica a lo que acontece hoy en nosotros. Por eso tan vital la instrucción que Dios nos da a través de Su voz y el conocimiento de Su Palabra. Cuando lo conocemos, le escuchamos y obedecemos, conoceremos la verdad que nos declara el salmista:

«¡Poderoso es tu brazo! ¡Fuerte es tu mano! Tu mano derecha se levanta en alto con gloriosa fuerza.» Salmos 89: 13

Oremos

Señor, tú eres nuestro brazo fuerte que nos defiende, y a ti queremos conocer más intensamente que a cualquier otro en esta tierra. Concédenos la sabiduría para vivir por medio de las instrucciones de tu Palabra; y gracias por el poder de tu Espíritu en nosotros que nos acompaña siempre. En Cristo Jesús, amén.

PATRICIA
RÍOS
Miembro destacado de
La Academia Escribe y Publica Tu Pasión
Participante del libro del libro
Diario de Oración Mujer Valiosa 2021
Diario de Oración
Mujer Valiosa
Respuesta Divina
en tiempos de necesidad
Tu Pasión
Publicado por
EDITORIAL
IMPERIAL
CROWNED BY SUCCESS
EditorialImperial.com

- ESCRIBE Y PUBLICA -
Tu Pasión
ACADEMY
CON REBECA SEGEBRE
Escribe palabras que impacten y transformen vidas.
www.EscribeyPublica.com
Comunidad - Inspiración - Desarrollo
COMUNIDAD

30

¡CON TU PODER!

"y dijo: Jehová Dios de nuestros padres, ¿no eres tú Dios en los cielos, y tienes dominio sobre todos los reinos de las naciones? ¿No está en tu mano tal fuerza y poder, que no hay quien te resista?"
2 Crónicas 20:6 (RVR1960)

En agosto de este año 2021, mi esposo, mi hijo menor y yo, fuimos afectados con el virus del COVID-19. Por la gracia y misericordia de Dios, los síntomas fueron leves y pudimos recuperarnos en casa. Aunque fue un poco agobiante, estuvimos rodeados, de las oraciones, amor y atenciones de familiares, amigos, nuestros pastores y hermanos en Cristo.

Al mismo tiempo, una prima hermana, su esposo y tres de sus cuatro hijos, también fueron afectados. Ella fue ingresada al hospital porque empezó a faltarle el oxígeno. Su esposo, también fue ingresado, pero se recuperó a los pocos días. Al inicio del proceso todo iba bien para mi prima, pensábamos que pronto regresaría a casa. Después de unos días las cosas se complicaron al punto que tuvieron que revivirla en dos ocasiones y esta última, ¡por un error del hospital! Ella había tenido una mejoría, y la sacaron de cuidados intensivos, cuando la cambiaron de cuarto, al equipo médico, ¡Se les olvidó conectar el ventilador! Esto realmente nos impactó. En mi, había un temor silencioso, a un desenlace fatal, porque uno de mis primos, a quien apreciaba mucho, y quien también era uno de sus hermanos, el año pasado falleció por COVID-19 y aun estábamos superando su partida.

Mientras todo esto ocurría con mi prima, el Señor ya había levantado un ejército de intercesores, en clamor y oración por su sanidad y total recuperación, así que confiábamos que Él se iba a mover poderosamente en medio de esta situación.

Al inicio de esta batalla, Dios trajo una palabra por medio de una de sus amigas y hermanas en Cristo. "El que rescata del hoyo tu vida, el que te corona de favores y misericordias." (Salmo 103:4) y el (Salmo 107:19) "Pero clamaron a Jehová en su angustia, y los libró de todas sus aflicciones." El Señor, le dejó saber, a ella, que él rescataría a mi prima del hoyo de la muerte y la libraría de sus aflicciones.

De la misma forma, durante este proceso, el Señor nos envió palabras de aliento y poder, por medio de familiares, amistades, pastores, hermanos en Cristo… también, a través de salmos, cánticos, sueños, visiones, predicas...

Cuando las noticias eran desalentadoras, su hermana mayor se sostenía, con la palabra que Dios le había dado desde un principio; "No temas, porque yo estoy contigo; no te desalientes, porque yo soy tu Dios. Te fortaleceré, ciertamente te ayudaré, si, te sostendré con la diestra de mi justicia" (Isa;41:10) Personalmente, yo me aferraba a creer, en la palabra de vida que él había hablado sobre mi prima, a confiar, en la palabra que él había puesto en mi corazón; "Pero a Dios gracias, que nos da la victoria por medio de nuestro Señor Jesucristo." (1 Corintios; 15:57) y a saber que "Él estaba en control."

Después de varias semanas, y ante todo pronóstico, ¡el milagro se hizo evidente a nuestros ojos! ¡Dios se movió con poder!... "El Señor está en medio de ti poderoso él salvará" (Sofonías 3:17a) Ahora mi prima se encuentra en un centro de rehabilitación, mejorando cada día y en espera de su total recuperación. Como toda prueba, no ha sido fácil, especialmente para su familia, sus padres y sus hermanos, pero a través de esta situación, el Señor nos llamó a creer, en medio de las circunstancias, a liberar nuestra fe, a sanar nuestros corazones, y aprender a confiar en sus planes, y propósitos para nuestras vidas.

¡Estamos agradecidos! Seguimos confiando en un Dios de Poder, quien es nuestra ayuda y nuestro escudo. ¡Él siempre cumple sus promesas y nunca falla!

Oremos juntas:

Te damos gracias Señor por tu misericordia, por una oportunidad más de vida. Por rodearnos de tu presencia y llenarnos con tus promesas, que nos fortalecen cada día. Gracias Señor porque tienes el control sobre todas las cosas, nos sostienes con la diestra de tu justicia y podemos confiar en ti. ¡En el nombre de Jesús! Amén.

GLORISELY
ORTIZ
Miembro destacado de
La Academia Escribe y Publica Tu Pasión
Participante del libro del libro
Diario de Oración Mujer Valiosa 2021
Diario
de
Oración
Mujer Valiosa
Respuesta Divina
en tiempos de necesidad
Tu Pasión
Publicado por
EDITORIAL
IMPERIAL
CROWNED BY SUCCESS
EditorialImperial.com

- ESCRIBE Y PUBLICA -
Tu Pasión
ACADEMY
CON REBECA SEGEBRE
Escribe palabras que impacten y transformen vidas.
www.EscribeyPublica.com
Comunidad - Inspiración - Desarrollo
COMUNIDAD

31

ES HORA DE LIMPIAR MI CAJA DE LÁGRIMAS

"Por nada estéis afanosos, sino sean conocidas vuestras peticiones delante de Dios en toda oración y ruego, con acción de gracias. Y la paz de Dios, que sobrepasa todo entendimiento, guardará vuestros corazones y vuestros pensamientos en Cristo Jesús."
Filipenses 4: 6 -7 (RV1960)

Una de las virtudes de la mujer valiosa es el poder de la resiliencia, la cual es esa capacidad que tiene el ser humano para superar momentos traumáticos en nuestras vidas. Pero muchas veces se ve obstaculizado porque no sabemos cómo manejar nuestras emociones.

Hoy yo quiero hablarte de mi caja de lágrimas. Tal vez te identifiques con ella y te ayude a identificar esas lágrimas, que aun permanecen en tu propia caja ocupando un lugar que no le corresponde: tiene que ser liberada, para que puedas ser sana. Quiero que te tomes tu tiempo y pienses en todas esas lagrimas que están en tu caja de lagrimas, en el interior de tu corazón, que necesitan el permiso para salir y sanar. Necesitas vaciar tu caja, que hoy esta llena de lágrimas reprimidas, para recibir liberación y sanidad.

Te preguntas ¿Porqué una caja de lágrimas? Las lágrimas son la voz de tu alma en dolor. Por medio de tus lágrimas, tu alma se expresa haciendo uso del lenguaje más sincero y elocuente, porque hablan de la verdad de tu alma. Las que están reprimidas, hablan de ese dolor que traspasa tu alma, pero todos ignoran; hablan de noches interminables, de intensas luchas que te roban el aliento. Esas lagrimas hablan de tu pasado, de tu historia.

Las lagrimas muchas veces llegan para expresar alegría, ilusión, sueños, triunfos, pero otras veces expresan: fracasos, dolor, traición, perdidas, incertidumbres, temores, rechazos, frustraciones, soledad y desánimos.

Cada lagrima se convierten en una gran enseñanza.

Las lágrimas no deben ser vergüenza para nadie, porque algunos las consideran como señal de debilidad. ¡No! las lágrimas son más que eso, porque cada una de ellas traen cambios y transformación a nuestras vidas. Cada Lagrima te debe acercar más a Dios. Las lágrimas limpian tu alma y fortalecen el Espíritu.

Pero muchas veces esas lágrimas, permanecen por mucho tiempo en tu alma, y te ocasionan mucho dolor, si no te das el permiso de sanar.

Por eso, hoy es el día para sacar esas lagrimas silenciadas, que se han convertido en dolor, amargura, odio y resentimientos. Hoy es el día, para que dejes expresar tu alma: No aguantes más aquello que te tiene atragantada de dolor, angustia, tristeza, temor, inseguridad; que te hace sentir incapaz y te impiden ser libre.

Hoy es el día de vaciar tu caja de lágrimas para darle espacio a la sanidad, la liberación, la paz, el gozo que solo Dios te puede dar.

Para lograr sanar tu alma tienes que comenzar por aceptar que hay cosas en tu vida que tienes que sacar. Tu alma necesita ser limpiada y restaurada. Hoy es un buen día para que tu alma se exprese y saques todo aquello que te está impidiendo vivir una vida plena y de propósito.

Presentemos esta caja de lágrimas reprimidas a Dios para que te sane y te ayude a ir liberando cada una de ellas, ya que están ocupando un lugar que no les corresponde. Es necesario hacer espacio para que Dios deposite Su liberación, paz y sanidad.

El Señor en Su palabra nos aconseja a no estar afanadas por nada, sino que todas nuestras peticiones sean llevadas a él en oración, ruego y con acción de gracias. Si hoy estas atravesando por una gran prueba y sientes que ya no puedes más con tus cargas, el Señor te hace una invitación: Ven, yo estoy aquí y quiero liberarte, quiero sanar tu alma, De esa manera recibirás la paz que sobrepasa todo entendimiento. La paz que tanto anhela tu alma. Mujer Valiosa, no olvides que una de tus virtudes es tu capacidad de resiliencia.

Oremos:
Padre, ayúdame a tomar dominio de mis emociones y echar fuera de mi todo aquello que me oprime. Te pido tu paz, porque sé que cuando recibimos tu paz, tu prometes guardar nuestros corazones y nuestros pensamientos en Cristo Jesús. Tomo de tu fortaleza y declaro mi sanidad interior en el nombre de Jesús. ¡Amen!

ONILDA CARDONA

Miembro destacado de
La Academia Escribe y Publica Tu Pasión

- ESCRIBE Y PUBLICA -
Tu Pasión
ACADEMY
CON REBECA SEGEBRE
Escribe palabras que impacten y transformen vidas.
www.EscribeyPublica.com
Comunidad - Inspiración - Desarrollo
COMUNIDAD

32

HUMILLADAS BAJO LA PODEROSA MANO DE DIOS

"Humillaos, pues, bajo la poderosa mano de Dios, para que él os exalte cuando fuere tiempo; echando toda vuestra ansiedad sobre él, porque él tiene cuidado de vosotros."
1 Pedro 5:6-7 (RVR1960)

Una de las razones por las cuales llega la ansiedad a nuestra vida, es porque el enemigo de nuestras almas, no le gusta que estemos felices y disfrutar del cuidado de Dios, entonces él nos pone enfermedades, perdemos el trabajo, se nos arruina el carro, no tenemos el dinero necesario para todos los gastos cotidianos. Otra razón de que lleguen estas carencias y dificultades es porque nuestra fe está siendo probada y algunas otras veces, es porque nos creemos autosuficientes. Esto es, cuando lo tenemos "todo" y se nos olvida que alguien nos lo proveyó, y el Señor dice que el que se enaltece será humillado y el que se humilla será enaltecido.

Por eso no debemos de olvidarnos que nuestro Padre celestial, siempre nos dará o suplirá lo que necesitamos, no debemos estar ansiosos por nada: ni por tener riqueza, ni por pasar pobreza o enfermedades, pues si Dios viste a las flores del campo y alimenta a los pajarillos, ¿como no nos dará a nosotros Sus hijos?.

En estos últimos tiempos que vivimos, lo que el enemigo quiere es que perdamos la fe en nuestro creador y nuestro salvador Jesucristo. Pero como hijos e hijas de Dios, lo que debemos hacer es humillarnos bajo la poderosa mano de Dios, reconociendo que solo él tiene control de todas las cosas que nos suceden y que en realidad nada bueno logramos al estar ansiosos, sino más bien, enfermarnos por la ansiedad que nos trae las situaciones que atravesamos.

Debemos reconocer que nuestros tiempos están en las manos de Dios. El salmista David decía "En tu mano están mis tiempos Salmos 31:15 (RVR1960) Y esa es la realidad: nada pasa si Dios no lo permite.

Amiga, recuerda que, aunque pasemos por el valle de sombra y muerte, podemos estar seguras de que el tiene todo en sus manos. Nada se a salido de su control. Sin embargo, muchas veces tenemos que pedirle perdón, porque se nos olvida en el momento de la tribulación, que él tiene el cuidado de nosotras, que estamos en sus manos: Que de su mano no hay valiente que nos arrebate, que su amor y misericordia nos envuelve cada día, y que, aunque algunas veces no nos responde en el momento que nosotros le llamamos, el nos escucha en el momento que le oramos y nos dará la respuesta en su tiempo. Él nunca falla a sus promesas, sus tiempos son perfectos. Nosotros somos los que nos desesperamos y perdemos la paciencia. Pero no pierdas la fe, recuerda lo que nos dice el Señor en:

"Porque mis pensamientos no son vuestros pensamientos, ni vuestros caminos mis caminos, dijo Jehová. Como son más altos los cielos que la tierra, así son mis caminos más altos que vuestros caminos, y mis pensamientos más que vuestros pensamientos." Isaías 55: 8-9 (RVR1960)

Dios es fiel y sus planes para nosotros siempre serán de bien y no de mal. (Jeremías 29:11)

Oración:

Papito lindo ayúdanos a seguir confiando en ti, en tus promesas que son fieles, escucha nuestras oraciones y envía la respuesta a nuestras necesidades físicas, económicas y espirituales. Nos humillamos ante ti y pedimos perdón, pues tu nunca llegas tarde siempre llegas en el momento adecuado, en tu tiempo y no en el nuestro. Nos asombramos de tu amor cada día, porque a pesar de todo estamos de pie y seguros que nos tomas de tu mano derecha y nos guías en todos nuestros caminos. Confiadas en tu oportuno socorro, oramos en el nombre de Jesús, amén.

Para más información, invitaciones, recursos y eventos visita:

RebecaSegebre.org
MujerValiosa.org
Vive360.org

E-mail: rebecasegebreweb@gmail.com

Medios sociales:
Facebook: @RebecaSegebreOficial
Instagram: @RebecaSegebre
Twitter: @RebecaSegebre

Otras obras por Rebeca Segebre

Un minuto con Dios para parejas

Confesiones de una mujer desesperada

El milagro de la adopción

Un minuto con Dios para mujeres

Confesiones de una mujer positiva

5 secretos que te impulsan al éxito

Mi vida un jardín

Afirmaciones divinas

Una nueva vida

Las siete virtudes del éxito

Símbolos de navidad

Planner Demos Gracias

Tú naciste para escribirlo

Positiva en tiempos de crisis

Un minuto con Dios para emprendedores

Las señales de la cruz

Símbolos de La Navidad

Pídeme

Sabiduría para la vida

Soy valiosa.
Soy una hija de Dios.
"Yo soy valiosa en el corazón de Dios".
Rebeca Segebre
Únete a la comunidad
Mujer Valiosa
Aquí encontrarás recursos gratis, conferencias, capacitaciones, libros, oración, amigas de todas partes del mundo y seminarios impartidos por un grupo especial de mujeres líderes en el ministerio, conferencistas y autoras reconocidas en el mundo hispano.
You Tube
www.MujerValiosa.org

PLANIFICA Y LOGRA TUS METAS
CON ENFOQUE EN LA GRATITUD
NUEVO
PLANIFICA Y LOGRA TUS METAS
CON ENFOQUE EN LA GRATITUD
DEMOS
GRACIAS
PLANIFICADOR
PLANIFICA Tu Vida
LOGRA Tus Metas
CELEBRA Tus Victorias

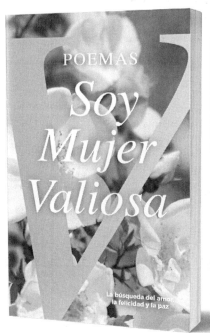

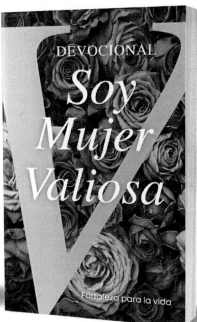